東京周辺 ご朱印めぐり旅 乙女の寺社案内

「江戸楽」編集部 著

増補改訂版

※本書は2014年発行の『東京周辺 ご朱印めぐり旅　乙女の寺社案内』の増補改訂版です。

目次

東京周辺ご朱印めぐり旅　乙女の寺社案内

御朱印めぐりで寺社を訪れる前に、まずは由緒やご利益をチェックしておきましょう。きっと心に残る御朱印めぐりの旅になるはず。

江戸の総鎮守

神田神社（神田明神）

＊東京／神田

1

2

3

江戸っ子の町・神田
人々の願いが集まる

参道の正面には朱塗りの大きな門。境内に入ると権現造りの立派な社殿が現れます。最先端のIT製品が集まる秋葉原のすぐ近くで、ここだけ時代を遡っているかのよう。でも奉納された絵馬を見ると、皆さんそれぞれお気に入りのアニメキャラクターを描いてます。いつの時代にも、神社は地域の人々の願いが集まるところなんですね。

創建は奈良時代と古く、江戸時代には将軍家から信仰されたため「江戸の
守《じゅ》」と言われています

府はもちろんのこと、江戸庶民にいたるまで崇敬されていました。神田祭は天下祭と呼ばれ、江戸三大祭の一つとして有名です。

周辺はビジネス街のため、初詣には商売繁昌を祈るスーツ姿のビジネスマンが多く見られます。他にも家庭円満、夫婦和合、縁結び、開運招福など様々なご利益があると言われる神田神社（神田明神）。首都東京で働いたり暮らしたりする私たちが平穏に過ごせるよう、見守ってくださる神様です。

4

境内にいる神馬・神幸号は「明（あかり）ちゃん」の愛称で人気者

神田神社（神田明神）〜神田〜東京23区　40

1 寺社名

（）内は通称

2 メインカット

社殿や本堂など、その寺社を象徴する画像です。

3 寺社の特徴

由緒、ご利益、周辺の環境、境内の雰囲気など、様々な視点から寺社の特徴を紹介します。

4 サブカット

メインカットだけでは表せない、その寺社の見どころをお伝えする画像です。

5 御朱印

※同じ神仏でも漢字の異なる箇所がありますが、それぞれの寺社での表記を記しています。

※本書に掲載しているデータは、2020年12月のものです。

6 授与品等

御朱印帳、御守、絵馬や、その他の見どころなど、寺社の魅力を紹介します。

7 インフォメーション＊

住所、連絡先、参拝時間、交通アクセスなど。

＊参拝時間・御朱印・御守の授与時間は、感染予防のため変更の場合があります

本書の見方・使い方

月刊江戸楽 編集部のご紹介

遊び心と粋な美意識があふれる「江戸」の伝統と文化。『江戸楽』は、江戸にまつわる様々な特集や、『その時歴史が動いた』でお馴染みの松平定知アナウンサー、俳優の高橋英樹さんといった、江戸を深く知る著名人による連載を通じて、江戸を学び、現代に活かすことができる暮らしの喜びや知恵をご紹介する文化情報誌です。

お問い合わせ先
「江戸楽」編集部
〒103-0024
東京都中央区日本橋小舟町 2-1 130 ビル 3F
TEL03-5614-6600　FAX03-5614-6602
http://www.a-r-t.co.jp/edogaku/

8
お参りのあとに♪
神田明神境内に建つこちらの施設は、神札授与所・参拝受付所をはじめ、飲食店や土産物店、ホール、多様な伝統文化を体験できるスタジオ、屋上庭園を備えた貴重館など、様々な目的で使用されています。

神田明神文化交流館
「EDOCCO」

5
御朱印

奉拝
令和三年 一月

別表神社 神田神社
神田大明神

「江戸総鎮守」と書かれた御朱印。毎月、花の印が変わる

7
Information ✳

[地図]

神田神社（神田明神）
東京都千代田区外神田 2-16-2
TEL 03-3254-0753
[参拝時間] 24 時間
[御朱印料] 300 円
(御朱印・御守の授与 9:00～19:00)
[アクセス] JR・地下鉄
御茶ノ水駅より徒歩 5 分。
地下鉄末広町駅より徒歩 5 分
http://www.kandamyoujin.or.jp/

41

6
Pick up /

鳳凰の描かれた帳。裏面は社名と（ながれみつもも）社紋。1,000 円

御朱印帳
神田明神

稲穂の御守「みの守」作文化の日本に人々全ての平安小さいサイズなの財布などに入れ～

Must item

大開運の御守。神田神社の御祭神である「だいこく様」がサメに皮を剥がされたウサギを助けたところ、ウサギから「意中の女神と結婚できるでしょう」と告げられたという

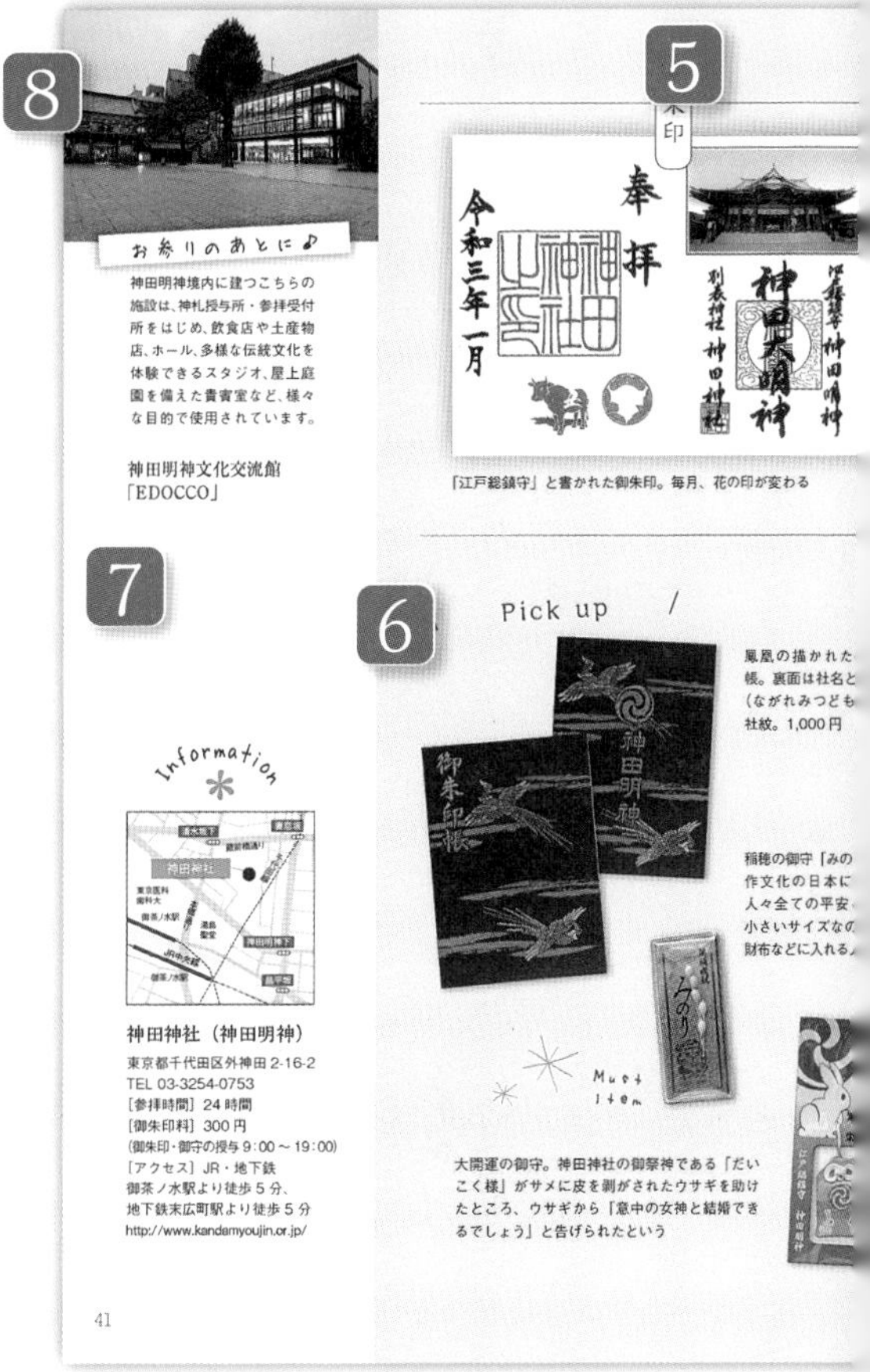

8　お参りの後に

ホッとできるカフェ、美味しいレストラン、きれいな景色が広がる公園など、お参りの後に立ち寄りたいスポットを紹介します。

御朱印頂き方ガイド

御朱印をいただく時には神様や仏様に失礼のないようにしたいものです。ここでは、神社で御朱印をいただくまでの流れと作法をご紹介します。

はじめに

参拝に行く前に…

意外と重要なのが、参拝に行く前の準備です。

- 不敬にならない服装で

改まった服装でなくても良いですが、神様や仏様に失礼のないよう、ジーンズなど、カジュアルすぎるものや、露出の多いものは避けた方が良いでしょう。

- 御朱印の受付時間を確認

御朱印をいただける曜日や時間が決められていますので、あらかじめ確認しておきましょう。

- 小銭の用意を忘れずに

御朱印をいただく際の初穂料・納経料は、500円という所が多いです。おつりのないよう、小銭の用意もしましょう。

協力：東京大神宮

1 着いたらまず一礼

入口に立つ鳥居の前で一礼をします。帽子、サングラスを外し、携帯電話はマナーモードに設定しましょう。

お寺では…

基本的には神社と同じ流れで御朱印をいただきます。山門の前で一礼をしましょう。

2 手水《ちょうず》舎《や》でお清め

- 右手で柄杓《ひしゃく》を取って、水を汲み、まずは左手を清める
- 左手に柄杓を持ち替え、右手を清める
- 右手に柄杓を持ち替え、左手に受けた水で口をすすぐ
- 左手を再び清める
- 柄杓の柄を立てて残った水で柄杓を清め、元の位置に戻す

柄杓も清めて終了！

3 参拝しよう

御朱印をいただく前に、まずは参拝をしましょう。神社でのお参りの作法は「二拝二拍手一拝」が一般的です。体をしっかりと九〇度まで曲げて礼をします。

- お賽銭を納め、鈴がある場合は鈴を鳴らす
- 二度、深く礼をする
- 右手を少し下にずらし、二度、拍手する
- 祈願した後、もう一度、深く礼をする

※「二拝二拍手一拝」の前後に会釈を行うと、より丁寧です。
※地方によって、異なる作法の神社もあります。

お寺では…

音を立てないようにしましょう。一礼し、お賽銭を納めた後は、静かに合掌します。

4 御朱印をいただく

社務所・納経所に向かい、御朱印のお願いをしましょう。その際は、書いてほしいページを開いて御朱印帳を渡します。神社やお寺でいただいた由緒書などをはさんでいる場合は抜き取りましょう。書いていただいている最中は静かに待ち、受け取る時にお礼を言い、初穂料・納経料を納めます。

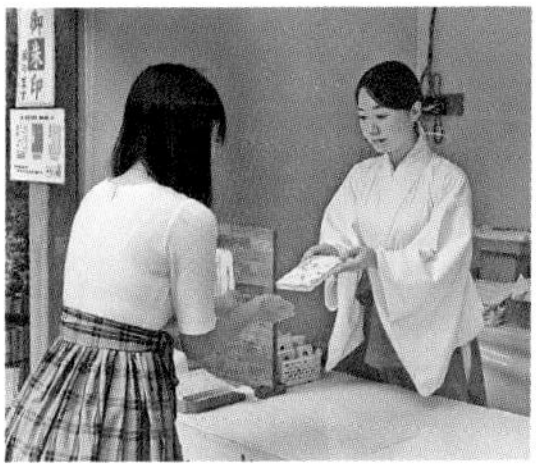

・御朱印は、お札や御守と同じように尊いものです。ノートやサイン帳に書いていただくのは大変失礼なことなので、専用の御朱印帳を用意しましょう。
・御朱印帳が戻ってきたら、自分のものかどうか、必ず確認しましょう。
・教義や諸事情により、御朱印をいただけない所もあります。決して無理強いをしないようにしましょう。

コラム・御朱印について

近年、密かなブームとなっている御朱印めぐり。「そもそも御朱印ってなに？」という方のために、御朱印や御朱印帳について簡単にご説明します。

御朱印とは

御朱印は、元々、お寺に参拝した際に写経をして、それを奉納した証としていただけるものでした。お寺で御朱印をいただく際の「納経料」という言葉も、ここからきています。現在は、初穂料・納経料を納めればどなたでもいただくことができますが、御朱印めぐりを単なるスタンプラリーのように考えてはいけません。御朱印に押される印はそれ自体が神様・仏様の分身のようなものです。神様や仏様をはじめ、書いてくださる神社やお寺の方に感謝をして、御朱印一つ一つの尊さを感じながら、御朱印めぐりをしましょう。

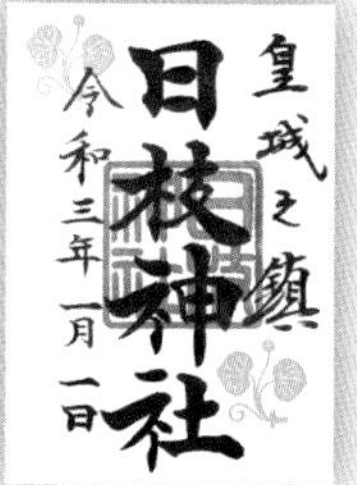

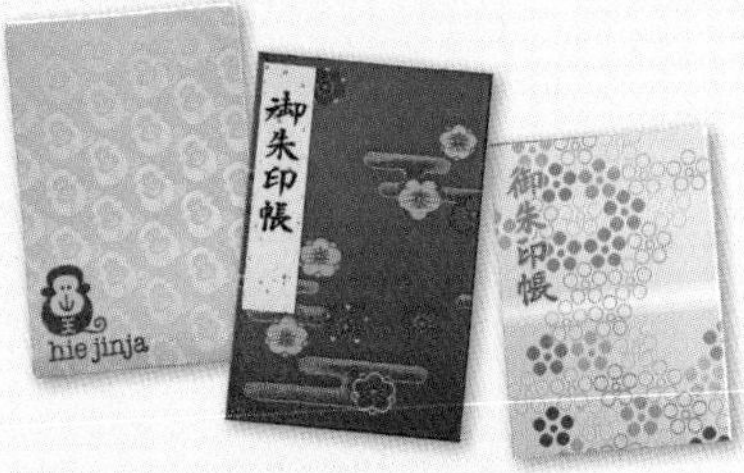

保管方法

たくさんの神社やお寺をめぐるうちに、魅力的なデザインの御朱印帳と出会い、御朱印帳が増えてしまうというのはよくあることです。本来は仏壇や神棚などで保管するのが望ましいのですが、本棚の一角など、分かり易い場所に保管しても良いでしょう。大切に保管して、粗末な扱いにならないように気を付けたいところです。

また、有名な神社やお寺では参拝者も多く、御朱印帳を紛失したり、間違えて他人のものを持ち帰ってしまったということもありえます。万が一の場合に備え、御朱印帳には氏名や連絡先を書いておくとよいでしょう。

御朱印帳

御朱印帳がなくても、半紙などに御朱印を書いて渡してくださる神社やお寺も多いです。中には御朱印帳のみに押印をしている所もあるので、やはり御朱印帳を用意することが望ましいでしょう。ノートやメモ帳などを差し出さないようにしてください。

御朱印帳は文房具店や書店などでも購入することができますが、オリジナルの御朱印帳を作っている神社やお寺も多くあります。それぞれの由緒や御祭神・御本尊に関する様々な絵柄が描かれているので、御朱印帳にも注目すると御朱印めぐりがより一層楽しいものになるでしょう。

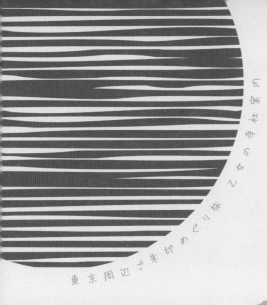

東京 23区エリア

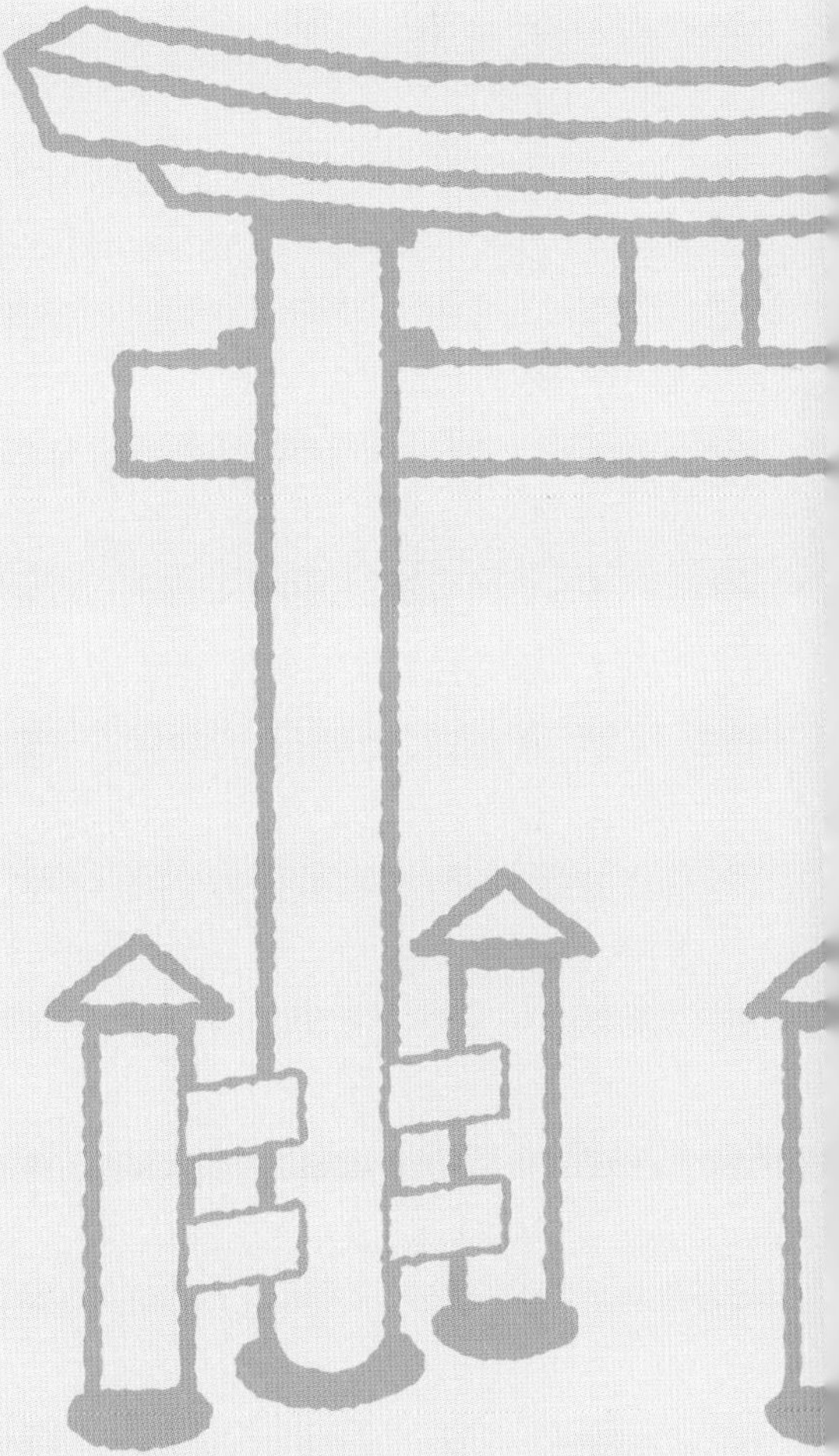

東京で"お伊勢参り"が叶う

東京大神宮

＊東京／飯田橋

縁結びにご利益のある
神前結婚式創始の神社

明治十三年（一八八〇）に東京における伊勢神宮の遥拝殿《ようはいでん》として創建され「東京のお伊勢さま」といわれ親しまれています。明治三三年（一九〇〇）に、当時の皇太子殿下（のちの大正天皇）のご婚儀が皇室で初めて宮中賢所《かしこどころ》のご神前で行われたことを記念して、神前結婚式を創始した神社としても有名です。また天地万物の「結び」の働きを司る造化の三神をあわせ祀ることから縁結びのご利益でも知られ、良縁を願う人たちの参拝が絶えません。伊勢神宮と同じく檜《ひのき》で造られた鳥居。神明造《しんめいづくり》の社殿。東京の真ん中にありながら木々の緑に囲まれたおごそかな空間です。境内にはベンチがあり、参拝のあとはゆっくりと過ごせるのもうれしいですね。

東京大神宮に参拝して良縁に恵まれ、こちらで結婚式を挙げる人もいるそう。その後も安産祈願、お宮参り、七五三など人生の様々なシーンで訪れたい神社です。

美しい雅楽の調べの中、白無垢の花嫁姿で挙式

お参りのあとに♪

東京大神宮から徒歩１分のこちらは、美味しい野菜を食べたい時にぴったりのお店。各種サラダデリや国産野菜を使用したスムージー、自家製パンのテイクアウトや産直野菜の販売などを行っています（店内に６席のイートインスペースあり）。

Petit Bonheur《プティ ボノ》

東京都千代田区
富士見 2-4-7 247 ビル 1F
TEL 03-3263-3343
［営業時間］ 11：00 ～ 15：00
［定休日］ 土・日・祝日

Information

東京大神宮

東京都千代田区富士見 2-4-1
TEL 03-3262-3566
［参拝時間］ 6：00 ～ 21：00
［御朱印料］ 500 円
（御朱印の授与 9：00 ～ 17：00、御守の授与 8：00 ～ 19：00）
［アクセス］ JR・地下鉄飯田橋駅より徒歩５分
http://www.tokyodaijingu.or.jp/

御朱印

伊勢神宮の御祭神である天照皇大神と豊受大神のほか、天地万物の「結び」の働きを司る造化の三神を祀る

Pick up

桜柄の「御朱印帳」は日本人にとって親しみ深い桜の花を散りばめ、チョウ柄は東京大神宮の結婚式の祝い舞「豊寿舞《とよほぎのまい》」の装束がチョウをモチーフにしていることに由来する。1,000 円

Lovely!

かわいらしい和紙人形が付いた「恋みくじ」。人形の表情や着物の色柄がひとつひとつ違ってキュート！ 恋愛を成就させるためのアドバイスが記されている。200 円

招き猫と、縁結び

今戸《いまど》神社

＊東京／浅草

女性が多く訪れるパワースポット

康平六年（一〇六三）、京都の石清水《いわしみず》八幡を勧請《かんじょう》し、今戸八幡を創建したのが始まりです。昭和十二年に白山神社を合祀《ごうし》し、今戸神社と改称されました。御祭神は應神《おうじん》天皇、伊弉諾尊《いざなぎのみこと》、伊弉冉尊《いざなみのみこと》、福禄寿《ふくろくじゅ》です。

実はこちらの神社、招き猫発祥の地としても知られており、境内のいたるところに招き猫が置かれています。言い伝えによると、江戸時代末期、浅草に住むあるおばあさんが貧しさから泣く泣く愛猫を手放したところ、夢枕にその猫が立って「自分の姿を人形にしたら福が来る」と言ったそうです。そこでおばあさんはその猫の姿の人形を今戸焼（十六世紀からこの地で焼かれていた焼物）にして浅草神社の鳥居横で売ったところ、たちまち評判になったとのこと。

近年では縁結びが成就するパワースポットとして、女性の参拝が絶えません。新選組の沖田総司終焉《しゅうえん》の地でもあり、〝歴女〟も多く訪れるそうです。

社殿で出迎えてくれる大きな招き猫

お参りのあとに♪

歩いて1分で隅田川へ出られます。対岸に大きくそびえる東京スカイツリー®へは、橋を渡り徒歩15分ほど。川に沿って浅草方面に歩いて帰るのもいいですね。川岸にはカフェなどもあり、のんびりと過ごせます。

隅田川

御朱印

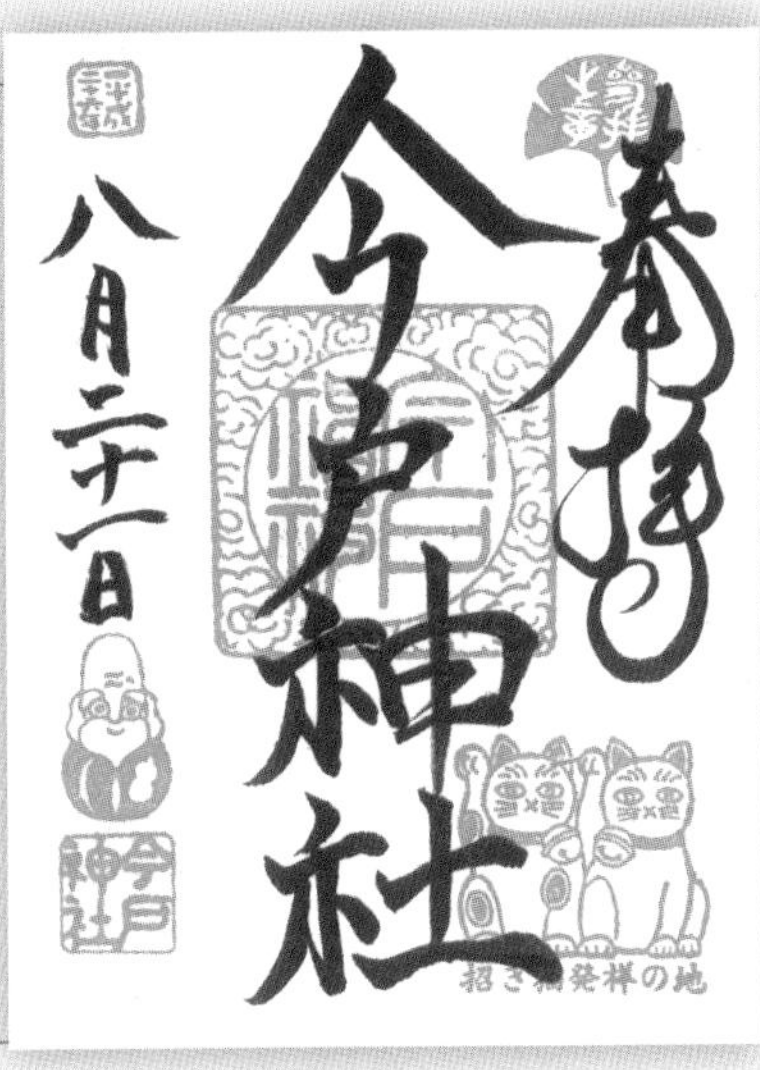

招き猫と福禄寿の印が押される

Pick up

招き猫のイラストがキュートな御朱印帳。1,500円

Lovely!

Must item

「縁結び」の「えん」にかけて、円形の絵馬

Cute!

年齢や血液型ごとに、恋愛について具体的なアドバイスをくれる「恋勝みくじ」。神職の姿をした折り紙の招き猫をお財布に入れると福を呼んでくれる

Information

今戸神社

東京都台東区今戸1-5-22
TEL 03-3872-2703
[参拝時間] 24時間
[御朱印料] 300円
(御朱印・御守の授与9:00〜17:00)
[アクセス] 地下鉄銀座線・浅草線浅草駅より徒歩15分
http://members2.jcom.home.ne.jp/imadojinja/T1.htm

女性の幸せを見守り続けた

吉原《よしわら》神社

＊東京／浅草

新吉原の歴史と共にある神社

かつて新吉原遊郭の中にあった四つの稲荷社（明石稲荷、開運稲荷、榎本稲荷、九郎助《くろうすけ》稲荷）、昔からこの地に鎮座していた玄徳《よしとく》稲荷、そして吉原弁財天を一カ所にまとめてお祀りしたのがこちらの神社です。お稲荷さんは商売繁昌の神様で、弁天様は芸事の神様。新吉原という土地柄、幸せを願う女性たちはもちろんのこと、商売繁昌を願う店の経営者からも信仰されました。遊郭といえば悲しい歴史というイメージがありますが、誇りを持って働いていた女性たちも多かったようです。花魁《おいらん》は当時のファッションリーダーであり、歌舞伎にもしばしば登場するなど、新吉原は文化の最先端を行く場所でもありました。そんな歴史に思いを馳せつつ、女性の幸せを見守り続けてきた神様に感謝を捧げたいですね。鳥居の前に立つご神木は「逢初《あいぞめ》桜」。「逢初め」には「恋焦がれている人に初めて会う」という意味があるそうですよ。

赤い幟が参道の目印

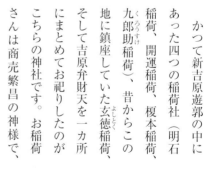

お参りのあとに♪

神社から徒歩２分の吉原弁財天の奥の院。ここにはかつて遊郭内の池があり、ほとりに祠がありました。関東大震災では多くの人が亡くなった悲しい歴史も。祠の改修の際には芸大生らが壁画を制作し、2012年に完成式典が行われました。

吉原弁財天 奥の院

東京都台東区千束 3-22

御朱印

弁天様のお使いである蛇が吉原の「よし」の字を形作って墨書きされ、弁天様の奏でる琵琶の印が押される

\ Pick up /

参拝記念手ぬぐい。江戸時代、文化年間（1804 ～ 1818）の新吉原遊郭入口の大門（おおもん）付近の様子が描かれている。逢初桜の桃色がきれい

吉原神社の弁財天は「浅草名所（などころ）七福神」の一つとされる。七福神をめぐれば、各寺社で御守となる小さな絵馬をいただける

Information

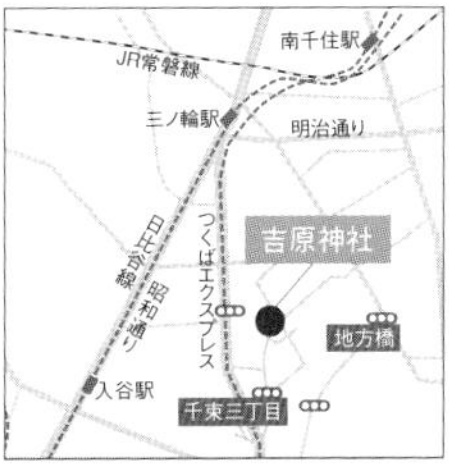

吉原神社

東京都台東区千束 3-20-2
TEL 03-3872-5966
［参拝時間］24 時間
［御朱印料］500 円
（御朱印・御守の授与 10：00 ～ 16：00〈季節によってかわる〉）
［アクセス］地下鉄三ノ輪駅・入谷駅より徒歩 15 分
http://www.asakusa7.jp/yosi.html

商売繁盛、福を掻《か》き込む

鷲《おおとり》神社

＊東京／浅草

江戸の昔より人々の信仰をあつめた

「おとりさま」と親しまれ、「酉《とり》の市」で有名です。酉の市は毎年十一月の酉の日に行われる例祭日で、江戸時代より冬の到来を告げる風物詩となっています。当初は農産物や農具の一種として実用的な熊手を売る市でしたが、その後、熊手は「幸せを掻き込む」縁起物とされ、酉の市は開運・商売繁昌を願う人でごった返すようになりました。手締めの音があちこちから聞こえ、とても賑やかなお祭りです。

社殿の賽銭《さいせん》箱の上には大きなおかめの像〝なでおかめ〟があり、顔の各場所により違うご利益を授かると伝えられています。おかめとは、天照大神《あまてらすおおみかみ》が天《あま》の岩戸に隠れた際、舞を舞って天照大神を導き出し、世に再び光を取り戻した立役者の神「天宇津女命《あめのうずめのみこと》」のこと。お多福とも呼ばれ、幸せを招く女性の象徴ということから縁起が良いとされ、縁起熊手にも飾り付けられています。社務所には横幅四メートルの日本一大きな熊手が飾られています。

正面の社殿で
"なでおかめ" に会える

お参りのあとに♪

東麻布の「菓子工房ルスルス」2号店。日本舞踊の稽古場だったという建物を改築した趣のある店舗です。焼き菓子、シュークリーム、ムース、ケーキなど目移りしてしまいそう。缶入りクッキーは予約がおすすめ。

菓子工房
ルスルス　浅草店

東京都台東区浅草 3-31-7
TEL 03-6240-6601
[営業時間] 12：00 ～ 20：00
[定休日] 月・火・水 ※臨時休業あり

Information

鷲神社

東京都台東区千束 3-18-7
TEL 03-3876-1515
[参拝時間] 24 時間
[御朱印料] 500 円
(御朱印・御守の授与 9：00 ～ 17：00)
[アクセス] 地下鉄入谷駅より徒歩7分、つくばエクスプレス浅草駅より徒歩 8 分
http://www.otorisama.or.jp

御朱印

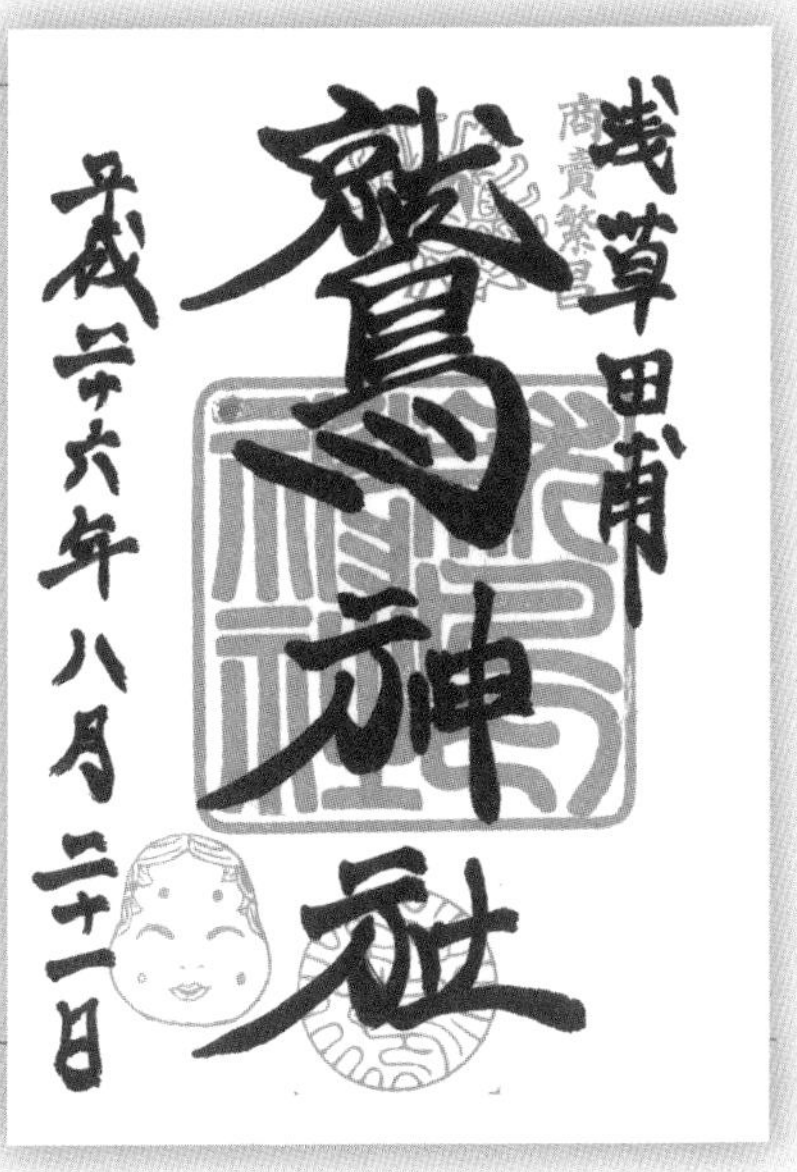

熊手とおかめの印が押される。「浅草田甫（たんぼ）」の文字は、江戸時代にはこの辺り一帯に田んぼが広がっていたことを表す

Pick up

Check!

表紙から裏表紙にかけて、両翼を広げる鷲の絵が描かれている。鷲は神社創建の故事に由来。御祭神は「天日鷲命（あめのひわしのみこと）」と「日本武尊（やまとたけるのみこと）」。1,200 円

淡い色調がかわいい「夢叶守り」

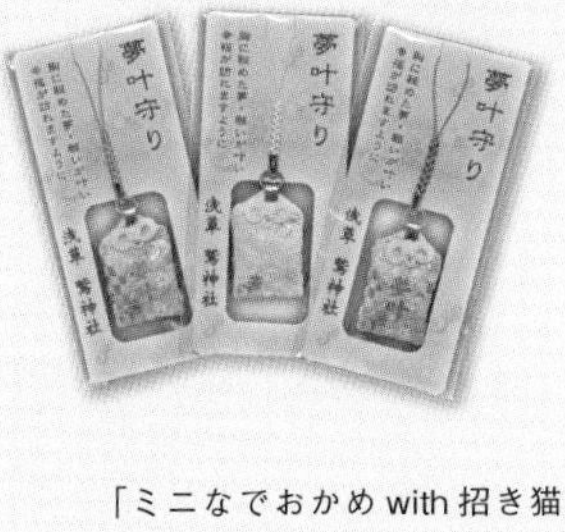

Lovely!

表面

裏面

「ミニなでおかめ with 招き猫のストラップ守」。おかめの裏面は招き猫となっている

「皇城の鎮《しずめ》」として鎮座する

日《ひ》枝《え》神社

＊東京／赤坂

歴代将軍が篤く崇敬
山・水を司る神様

日本の政治の中枢機関が集まる永田町に鎮座する神社です。太田道灌や徳川将軍家から崇敬され、歴代将軍が神馬や太刀などを奉献してきました。宝物殿にはそれらの太刀をはじめ、数多くの宝物が収蔵されており、一般公開もされています。

江戸時代、日枝神社の祭礼（山王祭）の行列は江戸城内に入り、将軍自ら上覧されたことから、「日本三大祭」「江戸三大祭」の一つとして知られています。

明治以降は「皇城《こうじょう》鎮《ちん》護《ご》の神」として崇敬され、大正天皇即位の際には官幣《かんぺい》大社（皇室から神に奉献する供物を奉った神社。東京では明治神宮と日枝神社のみ）に列せられたという格式高い神社です。

御祭神は山の神様です。山から水が流れ、野山や田畑を潤し、海に栄養を運ぶため、農林漁業など様々な産業発展の神様とされています。また、猿は日枝神社の神様の使いと言われており、多産でもあることから、子授け、安産、縁結びの神様としても信仰されています。

外堀通り側にはエスカレータもあるが、登れる人はぜひ正面の階段から

お参りのあとに♪

神社に隣接するホテル内のレストラン。各種メニューが揃う中で、とりわけ人気なのは「排骨拉麺（パーコーメン）」。排骨（豚肉）は揚げたてのサクッとした衣に包まれ、肉厚でジューシー。醤油ベースのスープも美味。

オールデイダイニング「ORIGAMI」

東京都千代田区永田町 2-10-3
ザ・キャピトルホテル 東急 3F（LF）
TEL 03-3503-0872
[営業時間] 6：30 ～ 24：00（LO23：30）
※「排骨拉麺」の提供は 11：00 ～
※変更の場合あり。詳細は店舗まで

Information

日枝神社

東京都千代田区永田町 2-10-5
TEL 03-3581-2471
[参拝時間]〈4～9月〉5：00～18：00、〈10月～3月〉6：00～17：00
[御朱印料] 500円
（御朱印・御守の授与 9：00～16：00）
[アクセス] 地下鉄赤坂駅、溜池山王駅より徒歩３分
http://www.hiejinja.net

御朱印

双葉葵の社紋の印。御祭神が山の神様のため、山葵という植物をモチーフにしている。御祭神のつながりが深い京都の下鴨神社や上賀茂神社も同じ紋

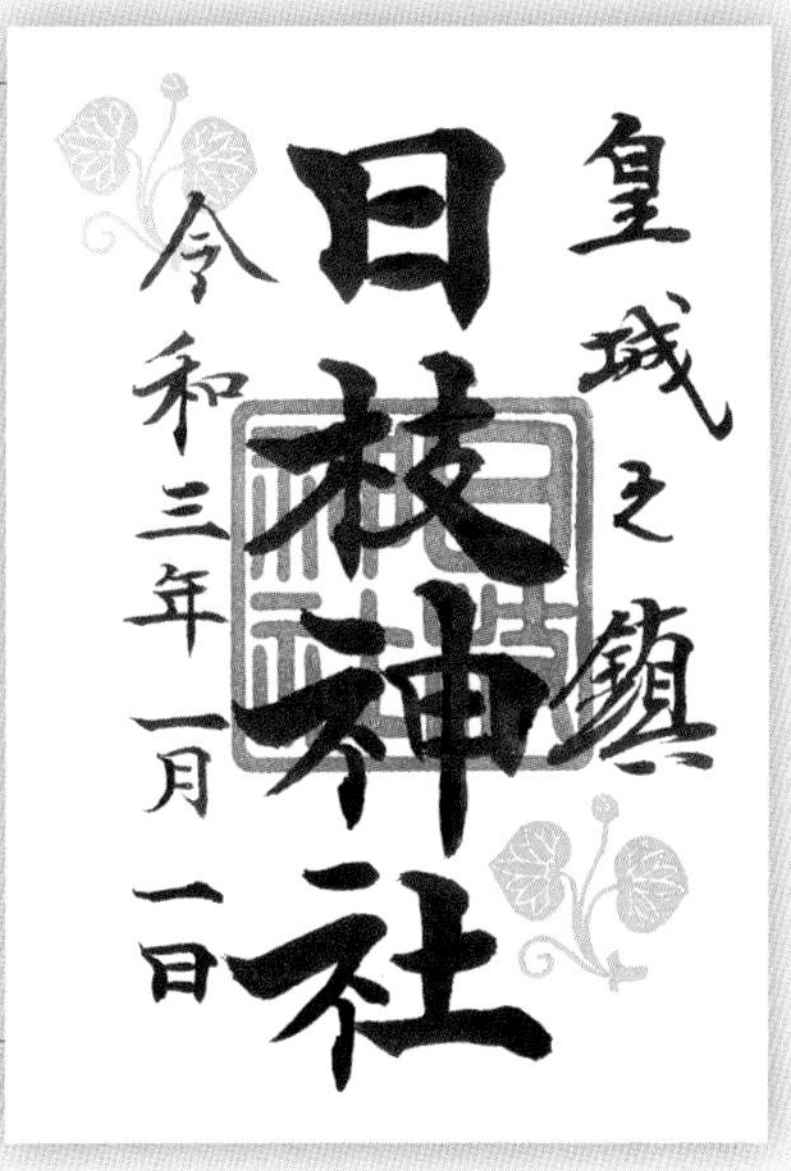

\ Pick up /

Check!

神様の使いとされる猿のイラストが描かれた御朱印帳。裏面には「見ざる、聞かざる、言わざる」。1,000円

Must item

子授守。御祭神の大山咋神（おおやまいくのかみ）は丹塗（にぬ）り（朱色）の矢に姿に変えて川を流れ、その矢を拾った玉依比売命（たまよりびめ）と結ばれ、子を授かったという

Lovely!

まさる守。日枝神社の神様のお使いである猿の御守。「何事にも優る」「魔が去る」と言われる

お稲荷さんがいっぱい

豊川稲荷東京別院

＊東京／赤坂

境内の七福神巡りで良縁祈願も

　江戸時代、大岡越前が愛知の豊川稲荷を祀っていたのが始まりとされ、その後、明治時代にこの地に東京別院として創建されました。

　境内の至る所に様々なお稲荷さんの像が並びます。お稲荷さんといえば、五穀豊穣の仏様。こちらでも一番のご利益とされています。他にも、赤坂に花柳界があったことから芸道精進のご利益があるとされ、今も芸能関係者の参拝が多いといいます。

　境内にはお稲荷さんの像ばかりではなく、子授けの仏様、子宝観音像が立っています。また、七福神の像が点在し、境内の中で七福神巡りが叶います。良縁にご利益のある愛染《あいぜん》明王《みょうおう》像のところには、沢山の絵馬が掛けられています。

　茶店が三軒あり、寛《くつろ》ぐ事が出来るのも嬉しいですね。

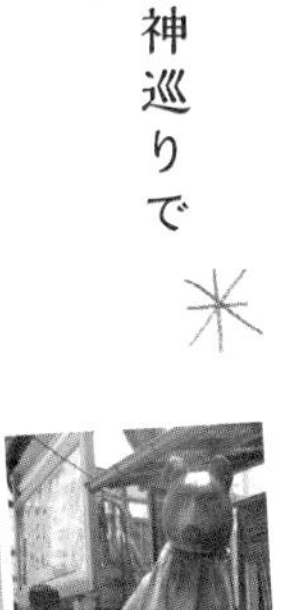

子授かりに良いとされる子宝観音と子だき狐。狐の親子が愛らしい

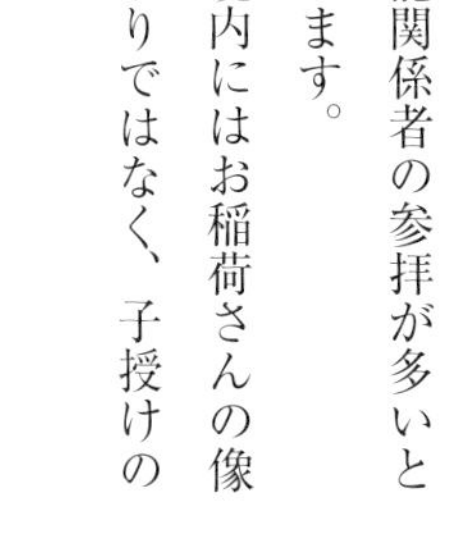

愛染明王像の周りは沢山の絵馬が

お参りのあとに♪

瀬戸内レモンを丁寧に仕込み、1か月以上漬け込んだリキュールで作るレモンサワーは、雑味のないここだけの味。

瀬戸内
レモンサワー専門店
go-go

東京都港区赤坂 3-13-12
赤坂料飲会館 1F
TEL 03-3584-1125
[営業時間]
〈ランチ〉11：00 ～ 16：00（LO15：00）
〈ディナー〉17：30 ～ 23：30（LO23：00）
[定休日] 土・日・祝日

Information

豊川稲荷東京別院

東京都港区元赤坂 1-4-7
TEL 03-3408-3414
[参拝時間] 6：00 ～ 20：00
[御朱印料] 500 円
(御朱印・御守の授与 8：30 ～ 16：30)
[アクセス]
地下鉄赤坂見附駅より徒歩 7 分
http://www.toyokawainari-tokyo.jp/

御朱印

御本尊である豊川吒枳尼眞天（とよかわだきにしんてん）の文字と、印は「仏法僧宝」という三つの宝を梵字にしたもの

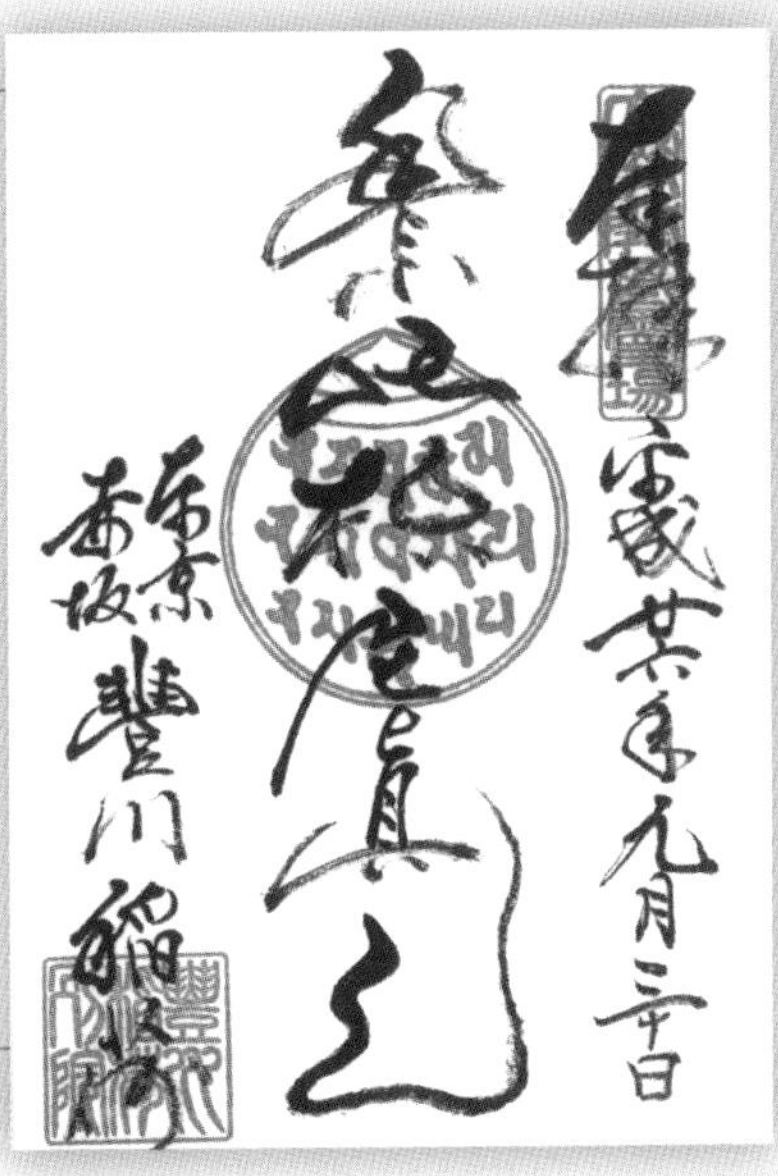

Pick up

老舗和紙店「榛原（はいばら）」とコラボレーションしたオリジナルの和紙の御朱印帳。種類も豊富で目移りしてしまう。1,500円

Lovely!

Check!

華麗なデザインのおみくじは、男女別仕様。カップルで引き比べたら楽しさが増すこと間違いなし

出雲大社の御分霊を祀る

出雲大社東京分祠《ぶんし》

＊東京／六本木

縁結びの〝縁〟とは支え合うこと

六本木の賑やかな通りから一歩入ると、縁結びの神、福の神として名高い島根県の出雲大社の御分霊を祀る「出雲大社東京分祠」があります。御祭神は「大国様」として親しまれている「大国《おおくに》主大神《ぬしのおおかみ》」。大国主大神は若い頃、須世理比売《すせりひめ》と恋に落ちました。その父・須佐之男命《すさのおのみこと》は大国主大神に様々な試練を与えますが、須世理比売の支えもあって大国主大神はそれらの試練を乗り越えて行きます。やがて大国主大神は須世理比売と駆け落ちしますが、須佐之男命も最後には二人の結婚を認め、大国主大神は出雲の国造りを始めます。大国主大神が国造りを成功させたのも、須世理比売の内助の功あればこそ。出雲大社が考える縁結びの〝縁〟とは、この話のように、どちらかが一方的に寄りかかるものではなく、支え合うことが大切だとしています。理想的な人に巡りあうためには、まずは自分を磨くこと。そんな大切なことを教えてくれる神社です。

結婚式を挙げる人も多いそう

お参りのあとに♪

江戸時代は、長州藩毛利家の下屋敷があったこちら。当時は周りに檜の木が多かったことから「檜屋敷」とも呼ばれ、後の「檜町」という地名の由来にもなりました。

檜町公園

東京都港区
赤坂 9-7-9

Information

出雲大社東京分祠

東京都港区六本木 7-18-5
TEL 03-3401-9301
［参拝時間］ 9：00 ～ 17：00
［御朱印料］ 500 円
［アクセス］ 地下鉄六本木駅より徒歩 3 分
http://www.izumotaisya-tokyobunshi.com/

御朱印

亀甲の印が二重になっているのは、「目に見えるもの、見えないものから守る」「外部から守り、内部の秩序も守る」という意味を表す

Pick up

Must item

島根県の出雲大社の社殿が描かれた御朱印帳。1,500 円

Lovely!

恋愛に限らず、様々な縁を結んでくれる糸。衣服などに縫い付けると良いとされる

鳩森《はとのもり》八幡神社

都会の真ん中で富士登山

＊東京／千駄ヶ谷

富士山を登ったのと同じご利益が

『江戸名所図会』によれば大昔、この地の林の中におめでたいことの前兆である瑞雲《ずいうん》がたびたび現れ、ある日、青空から白雲が降りてきたので不思議に思った村人が林の中に入ってみると、たくさんの白鳩が西に向かって飛び去りました。そこで祠《ほこら》を建てて鳩森《はとのもり》と名付けたと言います。貞観《じょうがん》二年（八六〇）、慈覚《じかく》大師（円仁）が村民の願いにより、神功《じんぐう》皇后・応神《おうじん》天皇の御尊像を作り、正八幡宮として奉りました。以来、千駄ヶ谷一帯の総鎮守として信仰されています。

樹々に抱かれた境内には能楽殿、稲荷社、庚申塚《こうしんづか》などが建ちますが、中でも富士塚は都内に現存する富士塚としては最古のもの（一七八九年築造）で、東京都の有形民俗文化財に指定されています。富士塚とはお年寄りや病人、また江戸時代には富士登山を禁じられていた女性のために富士山を模して作られた築山のこと。階段を登り、山頂の富士浅間《せんげん》神社にもぜひお参りしましょう。

緑あふれる境内

お参りのあとに♪

大正時代に植えられたイチョウの並木道。青山通りから聖徳記念絵画館まで 300m 続き、黄葉シーズンには東京屈指の観光スポットに。多くの人で賑わいます。

外苑いちょう並木

［お問い合わせ］
明治神宮外苑
東京都新宿区霞ヶ丘町 1-1
TEL 03-3401-0312

Information

鳩森八幡神社

東京都渋谷区千駄ケ谷 1-1-24
TEL 03-3401-1284
［参拝時間］24 時間
［御朱印料］500 円
（御朱印・御守の授与 9：00 ～ 17：00）
［アクセス］JR 千駄ヶ谷駅より徒歩 5 分
http://www.hatonomori-shrine.or.jp

御朱印

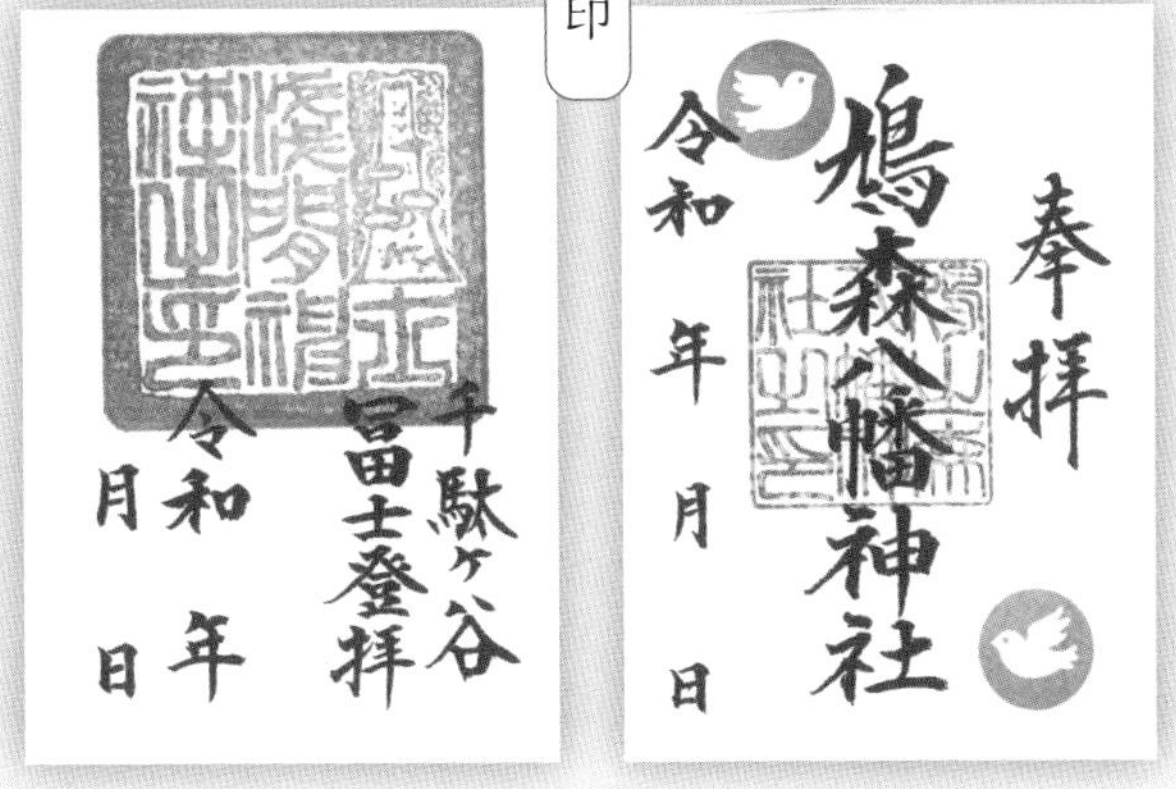

御朱印の他、希望者には富士登山記念の印も授与される。富士浅間神社の御祭神「木花咲邪姫命（このはなさくやびめのみこと）」は家庭円満、安産の神様でもある

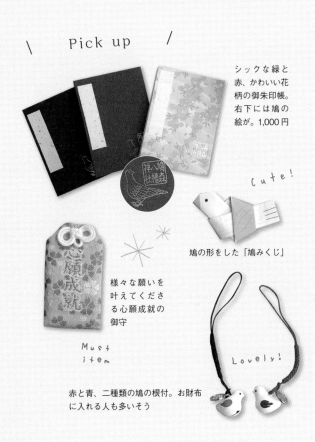

\ Pick up /

シックな緑と赤、かわいい花柄の御朱印帳。右下には鳩の絵が。1,000 円

Cute!

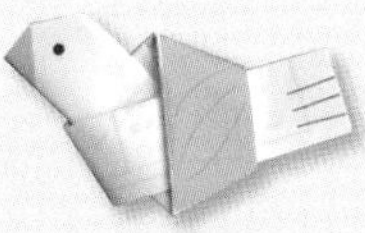

鳩の形をした「鳩みくじ」

様々な願いを叶えてくださる心願成就の御守

Must item

Lovely!

赤と青、二種類の鳩の根付。お財布に入れる人も多いそう

羽田空港近くのお稲荷さん

穴守《あなもり》稲荷神社

＊東京／羽田

五穀豊穣を祈り 感謝を捧げる神社

江戸時代後期の文化元年（一八〇四）頃、現在の羽田空港のあたりを新田開墾している際、荒波によって沿岸の堤防に大穴があき、海水が入り込んでしまいました。そこで村人たちが堤の上に祠《ほこら》を建てたところ、そのご加護によって災害は鎮まり、五穀豊穣の地となりました。「穴の害より田畑を守ってくださった神」ということで「穴守稲荷神社」と称されることになったといいます。

御祭神は伊勢神宮外宮《げくう》に祀られる「豊受姫命《とようけひめのみこと》」。五穀豊穣、衣食住の恵みを与えてくださる神様です。稲荷神社と言えば朱《あか》い鳥居と、神の使いの白い狐がシンボルですが、ここ穴守稲荷神社でも狛犬の代わりに狐が宝玉や巻物を持ち、社殿に向かって右手には神秘的な千本鳥居が奥の宮まで続いています。

奥の宮で授与される「御《お》神砂《すな》」を持ち帰り、自宅の敷地内や玄関等に撒《ま》く、あるいは身につけると願いごとが叶うと言われています。

朱い鳥居が奥の宮まで続く

お参りのあとに♪

穴守稲荷駅前、町の本屋から業態転換したブックカフェ。店内にある5000冊強の本を自由に読めます。看板商品の「はねだぷりん」は3種のカスタードやラムチョコなど、様々な味が楽しめ、“大田（区）のお土産100選”にも選ばれています。

はねだぷりん・book cafe 羽月《うづき》

東京都大田区羽田 4-5-1
TEL 03-3741-1817
［営業時間］10：00～21：00
※変更あり
［定休日］日曜日

Information

穴守稲荷神社

東京都大田区羽田 5-2-7
TEL 03-3741-0809
［参拝時間］24時間
［御朱印料］500円
（御朱印・御守の授与 9：00～17：00）
［アクセス］京浜急行穴守稲荷駅より徒歩3分、京浜急行・東京モノレール天空橋駅より徒歩5分
http://anamori.jp

御朱印

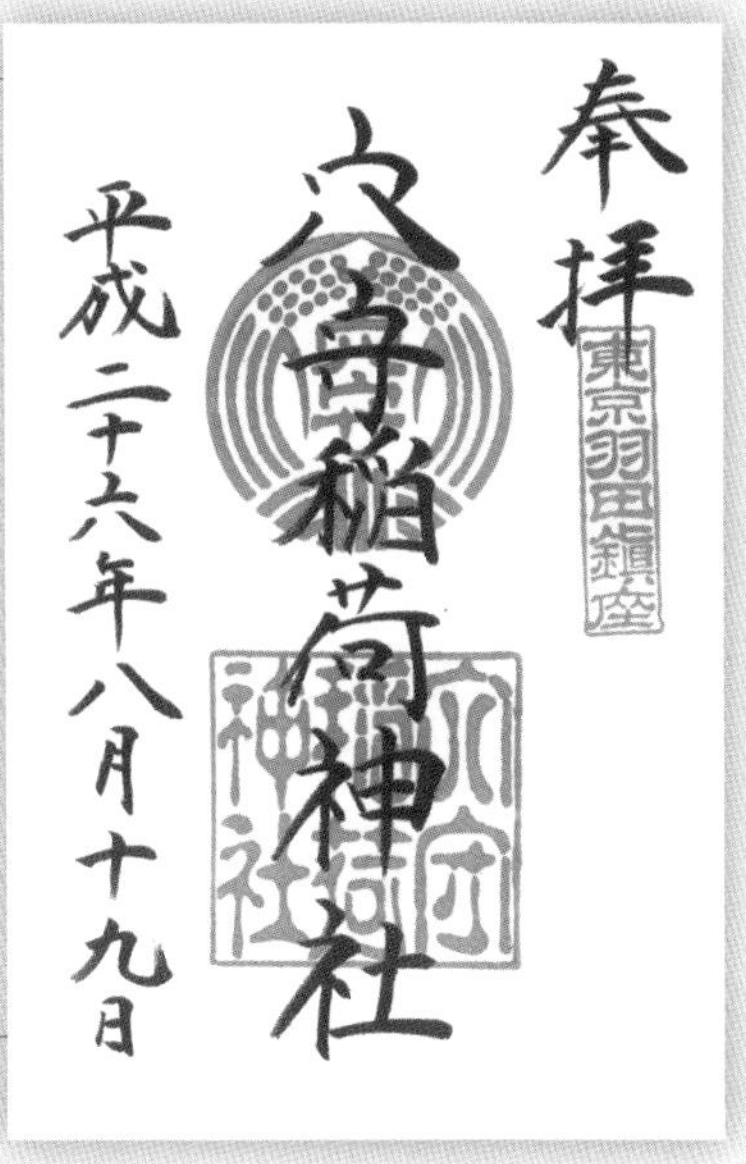

中央に五穀豊穣を表す稲の印が押される

\ Pick up /

かわいい狐が描かれた御朱印帳。1,500円

Lovely!

Check!

境内で収穫した稲の御洗米を参拝者に授与。ご飯を炊く時に一緒に入れると良いとのこと

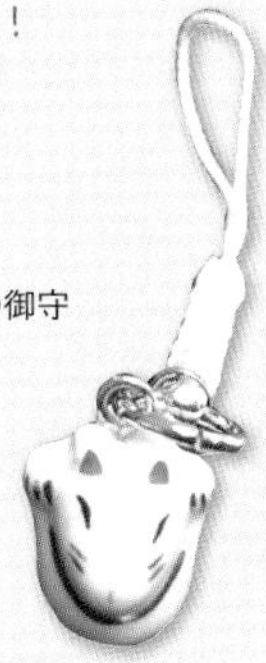

開運の御守

水天宮

子授け・安産の神様

＊東京／日本橋

鈴の緒の「御《み》子守《すず》帯《おび》」で安産を祈願

御祭神は日本の神々の祖先神である天《あめの》御《み》中主《なかぬし》大神《おおかみ》と安徳天皇、その母・建礼門院、祖母・二位の尼です。

水天宮は、文政元年（一八一八）、久留米藩第九代藩主有馬頼徳《よりのり》によって、国元の久留米から江戸・三田の赤羽根上屋敷に分祀されたことに始まります。

ある時、社殿の前に下がる鈴紐（鈴の緒）をお下がりとしていただき、腹帯として用いた人がいました。安産を祈願したところ、とても楽なお産ができた為、人づてにこのご利益が広がりました。

人々の信仰は篤く、屋敷内にお祀りした神様のご利益にあやかりたいと、塀越しにお賽銭を投げ込む人が絶えないほどでした。そこで藩主は、毎月五日に限り、屋敷の門を開け、人々のお参りを認めました。

明治五年に水天宮が日本橋蠣殻《かきがら》町へ移ると、多くの参拝者で賑わいをみせるようになり、現在に至っています。特に「戌《いぬ》の日」には、多産でお産が軽い犬にあやかり、安産・子授けを願う多くの方がお参りに来ます。

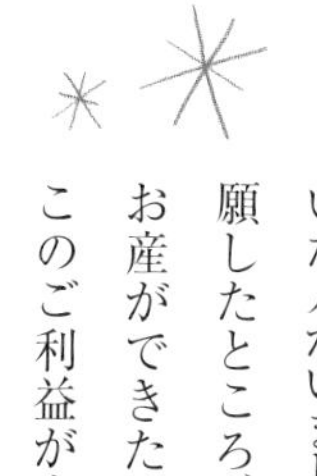

母犬の愛が伝わってくるような「子宝いぬ」

お参りのあとに♪

「甘酒横丁」には、和菓子屋、豆腐屋、呉服屋など昔ながらの名店が並びます。写真の「子宝丸せんべい」はロイヤルパークホテル、横丁入口の和菓子屋「玉英堂」などで販売。1,080円。

甘酒横丁

人形町駅 A1 出口すぐ「甘酒横丁」交差点から明治座、水天宮まで伸びる約 400 mの通り

御朱印

数種類ある御朱印の1つ。こちらは犬がデザインされたもの

Pick up

Lovely!

可愛らしい犬の置き物。「竹かんむり」と「犬」で「笑」となることから、笑門来福の意味が込められている

Must item

絵馬は３種類。赤色は戌の日限定で登場

Information

水天宮

東京都中央区日本橋浜町 2-30-3
TEL 03-3666-7195
［参拝時間］ 7：00 ～ 17：00
［御朱印料］ 500 円
（御朱印・御守の授与 8：00 ～ 17：00）
［アクセス］ 地下鉄浜町駅より徒歩 3 分
http://www.suitengu.or.jp/

ビルの谷間のパワースポット

虎ノ門金《こ》刀《と》比《ひ》羅《ら》宮

＊東京／虎ノ門

赤い紐に願いを込めて 結《むすび》神社で良縁祈願

ビルの谷間に建つ鳥居が目をひく金刀比羅宮は、虎ノ門駅を出てすぐのオフィス街にあります。鳥居をくぐり進むと、まるで中庭のような空間が広がり、中央の本殿や縁結びに良いとされる「結神社」が並びます。讃岐《さぬき》国の丸亀藩主が参勤交代の時に金刀比羅宮を勧請《かんじょう》したのが始まりとされ、ビジネスマンに嬉しい商売繁盛や、海上安全のご利益で有名です。境内の結神社では江戸時代、良縁を願う女性たちが自らの黒髪や折り紙を、社殿や周辺の木に結んだことに倣《なら》い、今は社務所で授与される「良縁祈願セット」の赤い紐を結ぶことが出来ます。このご祈願は本人が結ぶことと、女性限定という決まりがあります。

気軽に立ち寄れる金刀比羅宮は、恋にも仕事にも忙しい現代女性には嬉しいこと尽くしですね。お手洗いなどの設備も新しく、快適に過ごせますよ。

「結神社」と、結ばれた良縁を願う赤い紐。ほどけないように考えられた紐なので安心

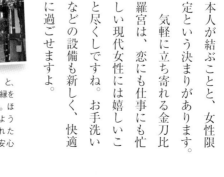

お参りのあとに♪

2020年6月にオープンした虎ノ門横丁。東京の名だたる人気店、計26店舗が集結しています。はしご飲みを楽しめるはしごカウンターや、人が自然に集えるような寄合席などを用意。新しい出会いも訪れそうです。

虎ノ門横丁

東京都港区
虎ノ門1-17-1
虎ノ門ヒルズ
ビジネスタワー3F
虎ノ門ヒルズ
インフォメーション
TEL 03-6406-6192

Information

虎ノ門金刀比羅宮

東京都港区虎ノ門1-2-7
TEL 03-3501-9355
［参拝時間］24時間
（御朱印・御守の授与は平日9：00～17：30、土日祝9：00～16：00）
［御朱印料］お気持ちで
［アクセス］
地下鉄虎ノ門駅より徒歩1分
http://www.kotohira.or.jp/

御朱印

金刀比羅宮の社紋である○に金と、葉団扇（はうちわ）の印が押された、縁起の良い御朱印

Pick up

江戸城が描かれたオリジナルの御朱印帳。歌川広重が描いた江戸時代の虎ノ門の風景がもとになっている。他に淡いピンクの桜模様の御朱印帳も。江戸城1,500円、桜模様1,200円

Lovely!

オフィス街ならでは、仕事運の御守も。薄型でカードケースや財布にもぴったり

Must item

「良縁祈願セット」赤い紐は結神社に結び、御守は持ち歩ける嬉しいセット

江戸時代へタイムスリップ

根津神社

＊東京／根津

閑静な文京地区に佇む造営当時の社殿や門

　関東大震災や空襲で焼失を免れた根津神社には、造営当時の社殿や門が現存し、江戸時代そのままの景色を見ることができます。本殿、幣《へい》殿、拝殿、唐《から》門、西門、透《すき》門、楼《ろう》門などが国の重要文化財に指定されている大変貴重なもので、権現《ごんげん》造《づくり》（本殿、幣殿、拝殿を構造的に一体に造る）の傑作と言われています。

　千九百年ほど前に日本武《やまとたける》尊《のみこと》によって創建され、江戸時代、五代将軍・徳川綱吉が世継ぎを兄・綱重《つなしげ》の子である綱豊《つなとよ》（六代将軍・徳川家《いえ》宣《のぶ》）に決めた際に、この地にあった綱重の屋敷地を献納して、千駄木にあった根津神社を遷座《せんざ》しました。綱重の屋敷であった頃から庭にはつつじが植えられており、春になると三千株が咲き乱れる、都内でも有数のつつじの名所になっています。

　森鴎外や夏目漱石などの文豪も近辺に住居を構えていました。お参りの後は、これらの史跡を巡る文学散歩もいいですね。

たくさんの鳥居が奉納されている乙女稲荷神社

お参りのあとに♪

境内にある約2000坪のつつじ苑には、約100種3000株のツツジが育てられています。シーズンの頃には、甘酒茶屋、植木市、露店が並び、休日には箏曲、和太鼓、奉納演芸などの行事が開催されます。

つつじ苑

根津神社境内
［開催期間］ 4月上旬より
ゴールデンウィーク最終日
※詳しくはHP参照

Information

根津神社

東京都文京区根津 1-28-9
TEL 03-3822-0753
［参拝時間］ 6:00～17:00
夏期は5:00～18:00
［御朱印料］ 500円
（御朱印・御守の授与 9：30 ～ 16：30）
［アクセス］ 地下鉄根津駅、千駄木駅、東大前駅より徒歩５分
http://www.nedujinja.or.jp

御朱印

根津神社々號書は明治維新の際、有栖川宮幟仁親王殿下の御揮毫

Pick up

Must item

表面は咲き誇るつつじ、裏面には乙女稲荷神社の鳥居が。1,500円

Check!

幸せを祈念する「つつじの幸せ鈴守」。かわいらしい鈴の音に癒される

学問の神様

湯島天満宮（湯島天神）

＊東京／湯島

梅の香り漂う境内で学業成就をお祈り

雄略天皇二年（四八五）創建と伝えられる湯島天満宮（湯島天神）は江戸城を築いた太田道灌や徳川家康も崇敬した歴史のある神社です。湯島天神といえば、何と言っても学問の神様です。御祭神・菅原道真は学問にとても長《た》けた方だったため、ご利益もこれにあやかっています。受験シーズンはもちろんのこと、東京へ修学旅行に来る学生さんも多く訪れるので、一年を通じて参拝者の姿が。「学校はもう卒業したし…」と思われる方もいるかもしれませんが、資格試験や昇進試験など、社会人になっても学業成就は大切なお願いごとですよね。

境内へ向かう坂の沿道や境内の庭園では、季節になると梅の芳香が漂います。道真は梅を愛した人で、京の都から左遷される際には「東風《こち》吹かば 匂ひおこせよ 梅の花 あるじなしとて 春な忘れそ」と和歌を詠まれました。道真を偲《しの》んで境内には梅が植えられ、江戸時代より「梅の名所」として親しまれています。

女坂に沿って咲き誇る梅

お参りのあとに♪

名物は豆大福、豆餅、そして「ふく梅」。ふく梅は湯島天神1100年大祭の記念に献上されたもの。梅シソ餡をういろうで包み、上に紀州梅が乗っています。甘みの後にすっぱさが来て絶妙なバランス。

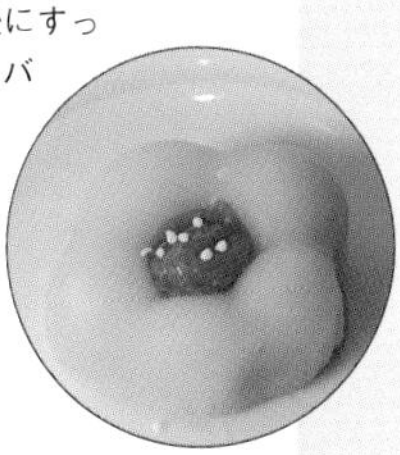

つる瀬

東京都文京区
湯島 3-35-8
TEL 03-3833-8516
［営業時間］
〈販売〉9：30 ～ 19：00
［定休日］ 月曜日
（祝日の場合は翌日）

Information

湯島天満宮（湯島天神）

東京都文京区湯島 3-30-1
TEL 03-3836-0753
［参拝時間］ 6：00 ～ 20：00
［御朱印料］ 500 円
（御朱印・御守の授与 8：30 ～ 17：30）
［アクセス］ 地下鉄湯島駅より徒歩２分・地下鉄上野広小路駅より徒歩５分
http://www.yushimatenjin.or.jp/

御朱印

道真は政治家・学者であると同時に、和歌、漢詩、書にも長けていた。美しい筆文字は道真を偲ばせる

Pick up

Must item

紅白の梅が配された御朱印帳。
1,500 円

身代わり守。もし銀杏の実が割れたら、危険から自分を守ってくれたことの証

Lovely!

縁結び御守

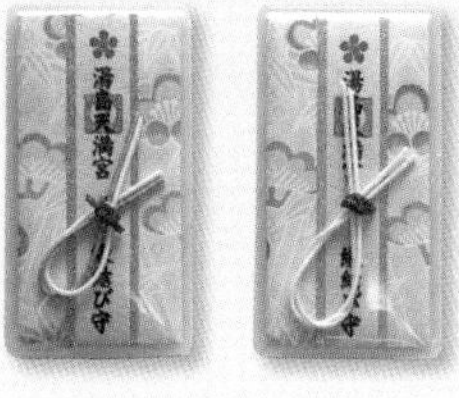

赤城神社

モダンと伝統が融合する神社

＊東京／神楽坂

地域の人々の憩いの空間に

ほっこりできるカフェや和雑貨の店が点在し、石畳のエリアが情緒あふれる神楽坂。カメラ片手に散歩する女性もちらほら。神楽坂駅から徒歩一分、木々の緑が美しい参道の先に、創建から七百年となる赤城神社があります。御祭神は「岩《いわ》筒雄命《つつおのみこと》」と「赤城姫命《あかぎひめのみこと》」。赤城姫命は大変美しい神様で、女性の悩みやお願い事全般を聞いてくださいます。

　鳥居を抜け広い石段を上ると青空が広がり、ガラスをふんだんに使った明るい社殿が目の前に。建築家の隈研《くまけん》吾《ご》氏が設計監修し、平成二二年に建てられたばかりの新しい社殿です。現代的なデザインと伝統様式が融合された造りで、こちらで結婚式を希望する人も多いそう。

　月に一度、境内ではアクセサリーなどの小物やお菓子が持ち寄られ、「あかぎマルシェ」が開かれます。また、社務所の隣の「あかぎカフェ」では参拝者が休憩したり、地域の皆さんがランチに訪れるなど憩いのスポットとなっています。

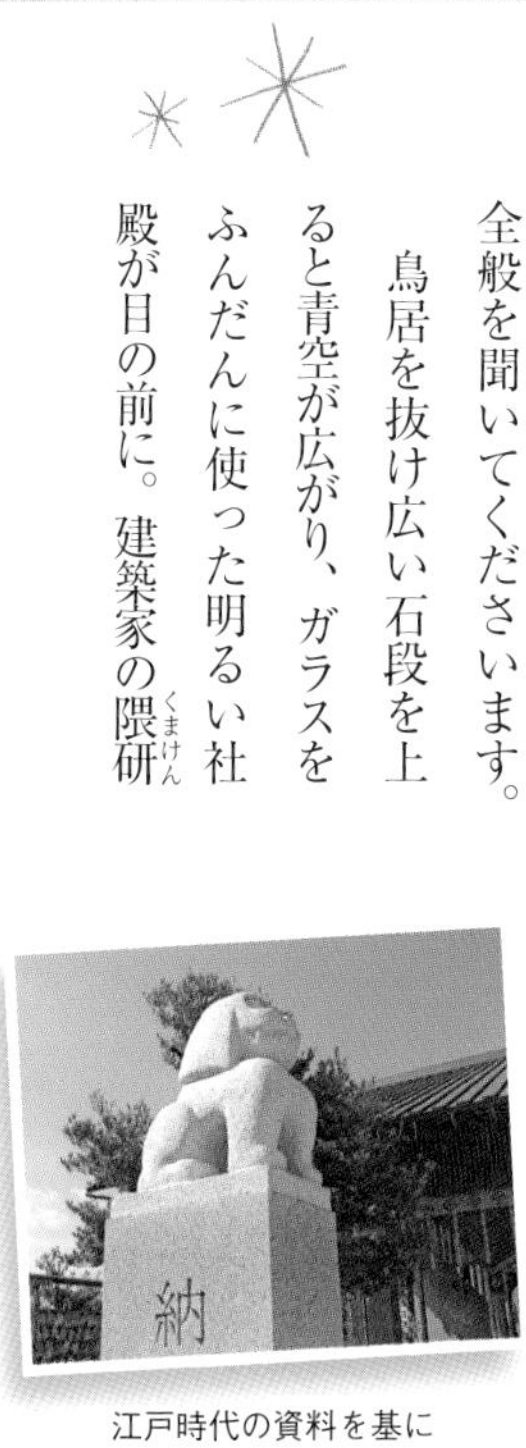

江戸時代の資料を基に
制作された狛犬

お参りのあとに♪

赤城神社境内にあるイタリアンカフェ。パスタ、リゾット、カレーライスなど豊富なお食事メニューと、コーヒー、紅茶、ワインやビールも楽しめます。参拝の後や、神楽坂散策の休憩にどうぞ。

あかぎカフェ

（赤城神社境内）
TEL 03-3235-6067
［営業時間］
〈平日・土〉11：30 ～ 20：00
（LO19：00）
〈日・祝〉11：30 ～ 17：00
（LO16：00）
［定休日］火曜日、第２月曜日

Information

赤城神社

東京都新宿区赤城元町 1-10
TEL 03-3260-5071
［参拝時間］24 時間
［御朱印料］300 円
（御朱印・御守の授与 9：00 ～ 17：00）
［アクセス］
地下鉄神楽坂駅より徒歩１分
http://www.akagi-jinja.jp

御朱印

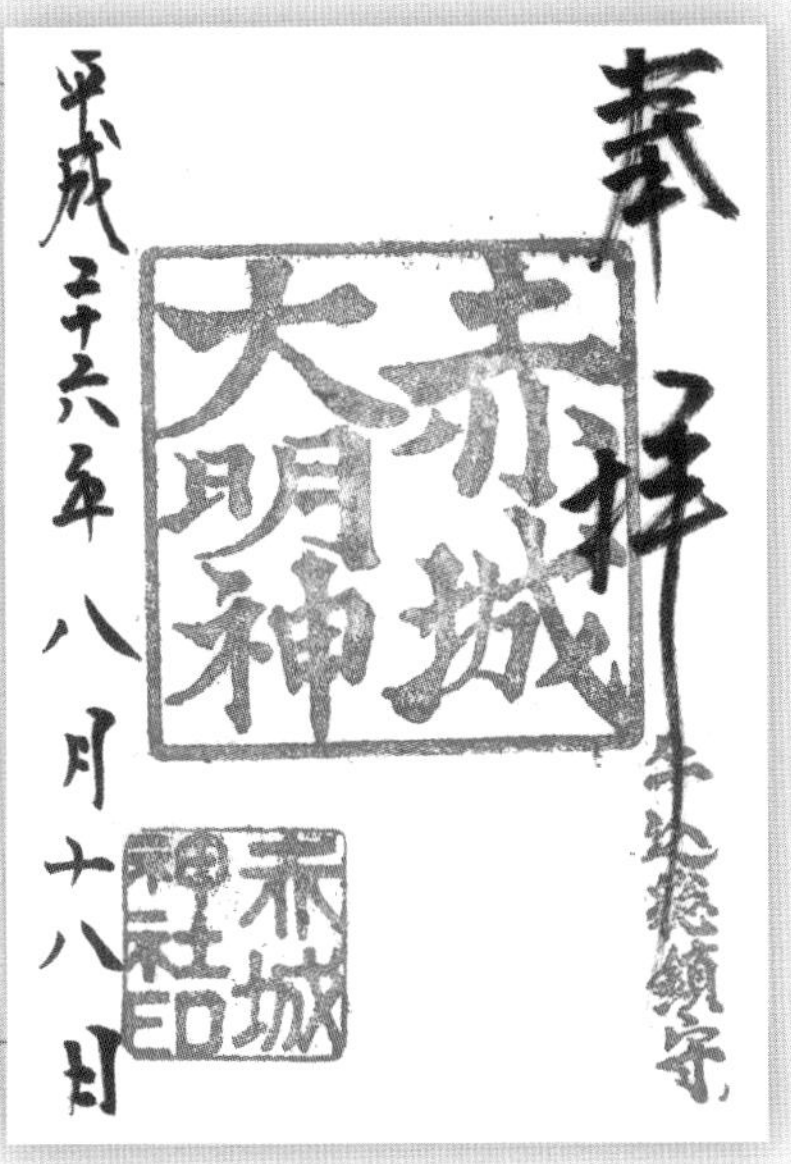

この地域一帯を見守り続けて 700 年。「牛込総鎮守」の印が押される

Pick up

Must item

華やかな和紙で作られた御朱印帳。うさぎのデザインがとてもかわいいですね。1,000 円

Check!

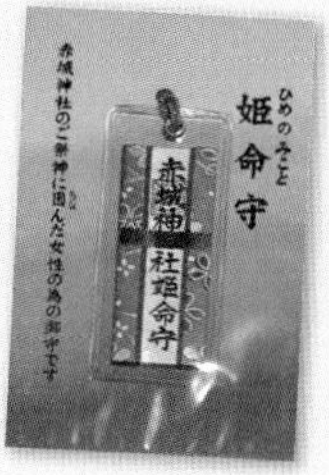

「姫命（ひめのみこと）守」は、赤城神社の御祭神にちなんだ、女性のための御守

明治神宮

国家安泰と世界平和を祈る

＊東京／原宿

木立に囲まれた神宮の森にお参り

明治神宮は都内一の広さを持つ神社です。正月三が日の初詣者数は日本一。参道を埋めつくす人波の姿をテレビや写真で見た人も多いことでしょう。でも普段の明治神宮は、参道の玉砂利の音が響き、おごそかな静けさを湛《たた》える空間です。その静けさは、原宿や渋谷の繁華街がすぐ近くにあるとは思えないほど。

もともとこの地には大名屋敷があり、その後、皇室の所有地となりました。明治神宮は明治天皇と昭憲皇太后をお祀りし、大正九年に創建されました。国家安泰と世界平和、そして皇室弥栄《いやさか》（ますます栄えること）をお祈りする神社です。とても大きなスケールのように感じますが、日本が繁栄し、世界が平和であってこそ、私たちも日々の生活を平穏に過ごせると言えるでしょう。

社殿の左手前にある二本の「夫婦楠《めおとくす》」は創建当時に献木されたご神木で、縁結び、夫婦円満、家内安全の象徴となっています。

夫婦楠の間から社殿を望む

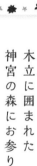

お参りのあとに♪

明治神宮御苑の中にある湧き水の井戸です。ここには江戸時代、熊本藩加藤家の屋敷があったため、加藤清正が堀った井戸であるという伝説があります。近年ではパワースポットとして紹介され、多くの方が訪れています。

清正井（きよまさのいど）

明治神宮御苑内
[公開時間]
〈3～10月〉9：00～17：00
〈11～2月〉9：00～16：30
（入苑は閉苑時間の30分前まで）
[御苑維持協力金] 500円

Information

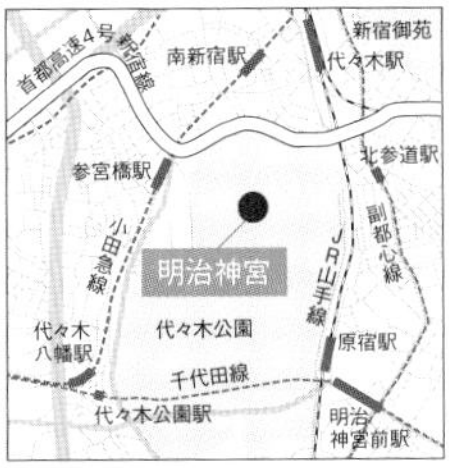

明治神宮

東京都渋谷区代々木神園町 1-1
TEL 03-3379-5511
[参拝時間] 日の出～日の入
（月により異なる）
[御朱印料] 500円
（御朱印・御守の授与 9：00～17：00）
[アクセス] JR原宿駅、地下鉄
明治神宮前より徒歩1分
http://meijijingu.or.jp/

御朱印

社紋は五三桐と十二弁の菊の紋章。元号の他に、皇紀（初代天皇である神武天皇が即位したとされる年を元年とする紀年法）が記される

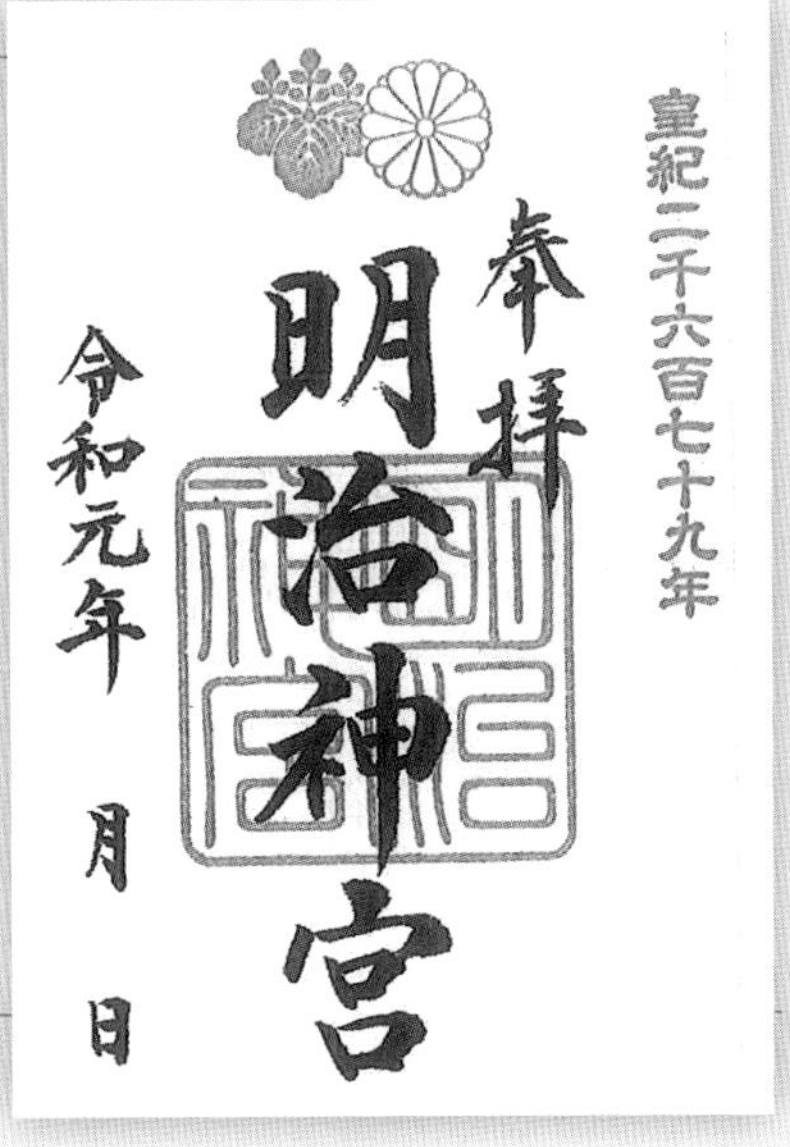

Pick up

Must item

皇室の装束に使われる小葵の紋様が施されている。1,000円

Check!

Lovely!

巾着型がかわいらしい「福守（しあわせまもり）」

様々な縁結守。ペアで身につけるものも

江戸の総鎮守

神田神社（神田明神）

＊東京／神田

江戸っ子の町・神田 人々の願いが集まる

参道の正面には朱塗りの大きな門。境内に入ると権現造りの立派な社殿が現れます。最先端のＩＴ製品が集まる秋葉原のすぐ近くで、ここだけ時代を遡っているかのよう。でも奉納された絵馬を見ると、皆さんそれぞれお気に入りのアニメキャラクターを描いてます。いつの時代にも、神社は地域の人々の願いが集まるところなんですね。

創建は奈良時代と古く、江戸時代には将軍家から信仰されたため「江戸の総鎮《そうちん》守《じゅ》」と言われています。幕府はもちろんのこと、江戸庶民にいたるまで崇敬されていました。神田祭は天下祭と呼ばれ、江戸三大祭の一つとして有名です。

周辺はビジネス街のため、初詣には商売繁昌を祈るスーツ姿のビジネスマンが多く見られます。他にも家庭円満、夫婦和合、縁結び、開運招福など様々なご利益があると言われる神田神社（神田明神）。首都東京で働いたり暮らしたりする私たちが平穏に過ごせるよう、見守ってくださる神様です。

境内にいる神馬・神幸号は「明（あかり）ちゃん」の愛称で人気者

お参りのあとに♪

神田明神境内に建つこちらの施設は、神札授与所・参拝受付所をはじめ、飲食店や土産物店、ホール、多様な伝統文化を体験できるスタジオ、屋上庭園を備えた貴賓室など、様々な目的で使用されています。

神田明神文化交流館
「EDOCCO」

Information

神田神社（神田明神）

東京都千代田区外神田 2-16-2
TEL 03-3254-0753
［参拝時間］24 時間
［御朱印料］300 円
（御朱印・御守の授与 9:00 ～ 19:00）
［アクセス］JR・地下鉄
御茶ノ水駅より徒歩 5 分、
地下鉄末広町駅より徒歩 5 分
http://www.kandamyoujin.or.jp/

御朱印

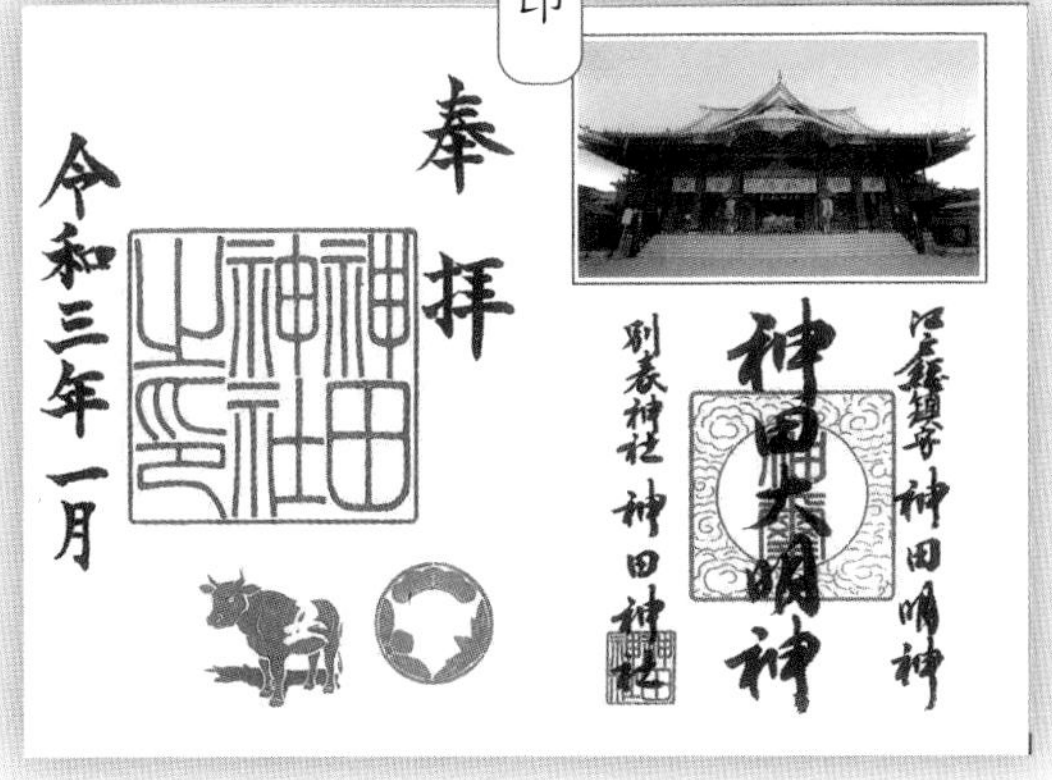

「江戸総鎮守」と書かれた御朱印。毎月、花の印が変わる

\ Pick up /

鳳凰の描かれた御朱印帳。裏面は社名と流三巴（ながれみつどもえ）の社紋。1,000 円

稲穂の御守「みのり」。稲作文化の日本に暮らす人々全ての平安を願う。小さいサイズなので、お財布などに入れる人も

Must item

大開運の御守。神田神社の御祭神である「だいこく様」がサメに皮を剥がされたウサギを助けたところ、ウサギから「意中の女神と結婚できるでしょう」と告げられたという

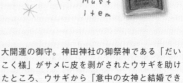

からすのキャラクターが人気

烏《からす》森《もり》神社

＊東京／新橋

繁華街の小さなお社に大きなご利益が

「サラリーマンの町」としてテレビの街頭インタビューにもしばしば登場する新橋。お父さんたちお馴染みの飲み屋がたくさん並ぶエリアの一角に、烏森神社はあります。どこか〝昭和〞な雰囲気を漂わせる新橋の街ですが、こちらの神社はそれよりずっと古く、千年以上前に創建されています。かつてここは江戸湾の砂浜で、一帯は松林でした。そのため、「枯州《かれす》の森」「空州《からす》の森」などと言われており、その松林に烏が多く集まっていたこともあって、「烏森」と呼ばれるようになりました。

平安時代、ムカデ退治で有名な藤原秀郷《ひでさと》が戦勝祈願の御礼に勧請した神社のため、「必勝祈願の成就」がご利益とされています。他にも商売繁昌、技芸上達、家内安全などを祈る人々が訪れます。近年、神社の親善キャラクター「からすの恋吉《こいきち》」が誕生し、お祭や地域のイベントにも参加。一緒に写真を撮ると恋愛が叶うと言われ、人気者になっています。

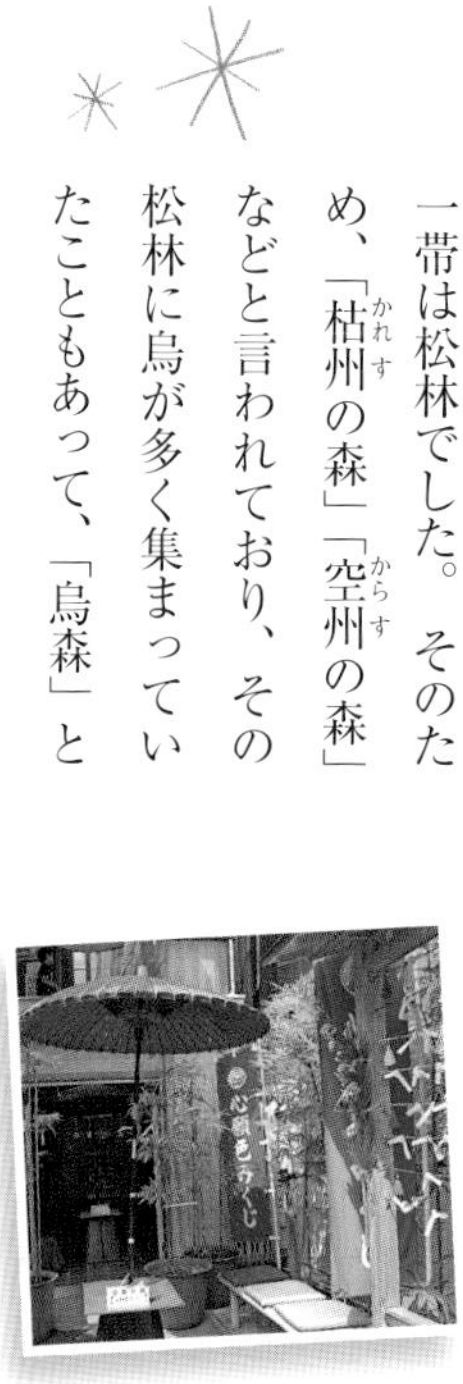

こちらのスペースで「心願色みくじ」に願い事を記す

お参りのあとに♪

江戸時代の大名庭園で、現在は都立庭園となっています。池、築山、御茶屋などが配された日本庭園で、外国人観光客にも人気のスポット。松・桜・紅葉など季節の植物も楽しめます。

浜離宮恩賜庭園

東京都中央区浜離宮庭園 1-1
TEL 03-3541-0200
［開園時間］9：00 ～ 17：00
（入園は 16：30 まで）
［休園日］年末・年始
（12 月 29 日～翌年 1 月 1 日まで）
［入園料］
一般 300 円、65 歳以上 150 円
※小学生以下、及び都内在住・在学の中学生は無料

Information

烏森神社

東京都港区新橋 2-15-5
TEL 03-3591-7865
［参拝時間］24 時間
［御朱印料］500 円
（御朱印・御守の授与 9：00 ～ 16：00
※変動あり）
［アクセス］JR 新橋駅より徒歩 2 分、
地下鉄新橋駅より徒歩 3 分
karasumorijinja.or.jp

御朱印

四隅に赤・黄・青・緑の 4 色の巴紋、中央に烏をあしらった社紋。「心願色みくじ」と御朱印を併せて受けた場合、祈願の透かし印を御朱印に入れてくれる

透かし印
拡大図

\ Pick up /

Must item

表面

裏面

黒に金色の文字と烏の社紋が美しく輝く御朱印帳。2,000 円（1 頁目に手書きの御朱印が入っています）

Lovely!

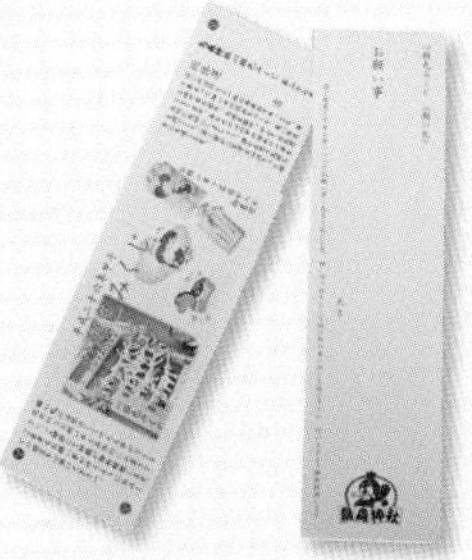

おみくじと、願い事を記入する願い札がセットになった「心願色みくじ」。願い事の種類によって色分けされている

からすの
恋吉

都内有数の古社

第六天榊《さかき》神社

＊東京／浅草橋

一九〇〇年前の昔から悠久の歴史を有する

屋形船が浮かび江戸情緒が残る柳橋。雛人形店が軒を連ねる浅草橋。その一角に、木々の緑が美しい神社が佇んでいます。こちらは紀元二世紀頃、「日本武尊《やまとたけるのみこと》」によって創建された、都内でも有数の歴史ある神社です。御祭神は日本書紀の一番初めに登場する「國常立尊《くにのとこたちのみこと》」から数えて六代目にあたる「榊皇《さかきのすめ》大神《おおみかみ》」のため、「第六天」と称されます。男の神様は「面《おも》足尊《だるのみこと》」、女の神様は「惶根《かしこね》尊《のみこと》」。その子にあたる伊弉諾《いざなぎ》尊《のみこと》・伊弉冉尊《いざなみのみこと》の時代から、日本書紀には神様の生死が記述されるようになりました。よって第六天は「生死の記述がない＝健康長寿」の神様として信仰されています。

江戸時代にはこのあたりに幕府の米蔵が作られ、この地を見守る産土《うぶすな》（生まれた土地の守り神）の神社として崇敬されました。日本で初めての公立図書館「浅草文庫」や、東京工業大学の前身となる「蔵前工業学園」もこの地にありました。江戸東京の史跡めぐりも兼ねて参拝したいですね。

浅草文庫の石碑

お参りのあとに♪

明治創業の和菓子店。「三笠山」は青えんどうの餡がぎっしりと詰まったお菓子。九代目市川團十郎がその見た目を「奈良の三笠山の山焼きの姿 緑の餡は若草の芽」と評して名づけられました。

梅花亭

東京都台東区柳橋 1-2-2
TEL 03-3851-8061
[営業時間]
〈月～金〉8：30 ～ 18：00
〈土〉8：30 ～ 17：00
[定休日] 日曜日・祝・祭日

御朱印

健康長寿を祈願し、鶴亀の印が押される

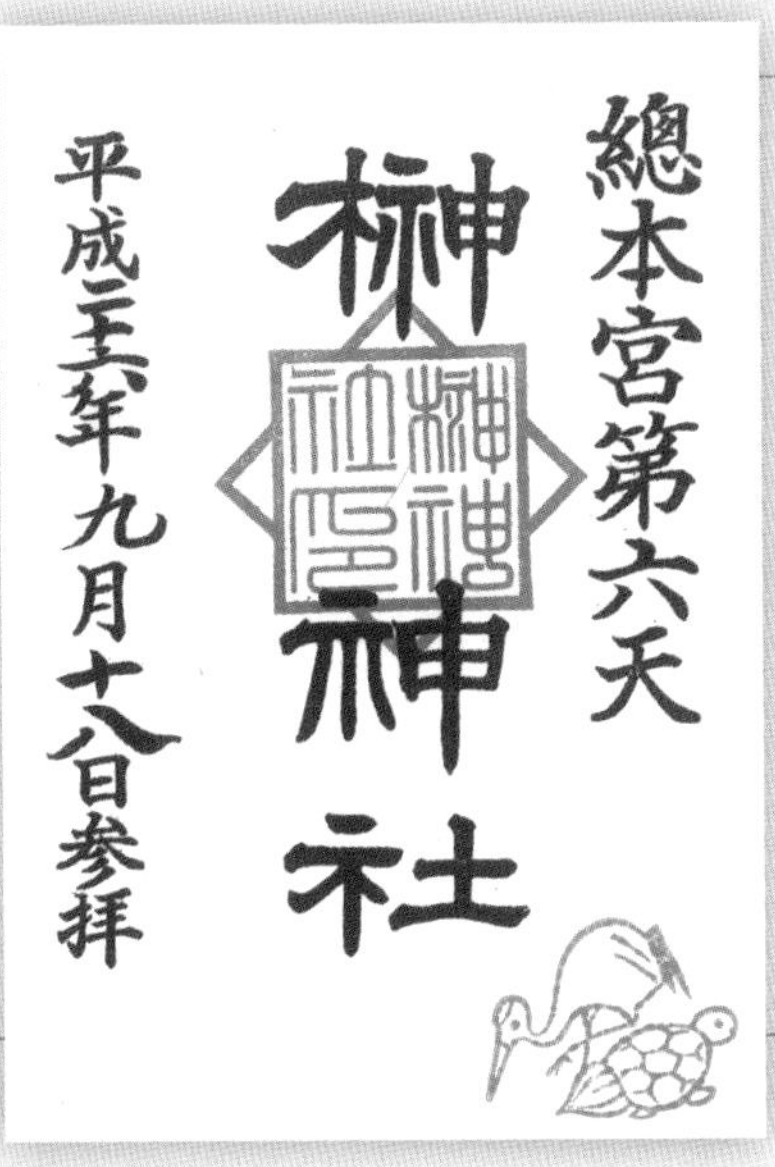

\ Pick up /

商売をする人が多い土地柄、「諸業繁栄」を願って「金成木（かねのなるき）御守」を求める人も多い

Check!

Must item

健康でありますように

おなじみの色と形をした、赤と紺の御守

Information

第六天榊神社

東京都台東区蔵前 1-4-3
TEL 03-3851-1514
[参拝時間] 24 時間
[御朱印料] 400 円
（御朱印・御守の授与 9：00 ～ 16：00）
[アクセス] JR・地下鉄浅草橋駅より徒歩２分

花に囲まれた天神様

亀戸《かめいど》天神社

＊東京／亀戸

一年を通じて花々が美しい

学問の神様、菅原道真をお祀りする神社です。江戸時代前期の寛文二年（一六六二）、現在地に創建されました。こちらの神社は花の名所としても知られ、二月になると天神様ゆかりの梅が咲き誇り、「梅まつり」が行われます。また、五月は「藤まつり」。境内の藤棚は一面、紫色に染まります。秋の「菊まつり」では手塩にかけて美しく育てた、たくさんの菊や意匠を凝らした菊人形が展示され、訪れる人の目を楽しませてくれます。

毎年一月二四、二五日には「鷽替《うそかえ》神事」という、江戸時代から続く祭事が行われます。山間部に生息する、「鷽《うそ》」という名の小鳥をご存知でしょうか。この鳥は、凶事を「嘘」にして吉事に取り（鳥）替える、または人が知らず知らずのうちについた嘘を誠に取り替えると伝えられてます。この二日間限定で木彫りの鷽が授与（有料）されますが、毎年この鷽を取り替えることによって一年の吉運を招くとされています。

太鼓橋からは東京スカイツリー® がよく見える

お参りのあとに♪

江戸時代、亀戸には梅の木が有名な豪商のお屋敷があり、梅見客で賑わいました。その故事にちなみ、地元の特産品販売店やギャラリーなどを併設する観光スポットが2013年にオープン。

亀戸梅屋敷

東京都江東区
亀戸 4-18-8
TEL 03-6802-9550
［営業時間］
〈冬時間〉 9：00 ～ 17：30
〈夏時間〉 10：00 ～ 18：00
［定休日］ 月曜日
（祝日の場合は翌日）

御朱印

「東国天満宮の宗社」として尊崇されてきた亀戸天神社。広い境内は見どころにあふれ、関東地方の御朱印めぐりには欠かせない神社だ

Information

亀戸天神社

東京都江東区亀戸 3-6-1
TEL 03-3681-0010
［参拝時間］ 6：30 ～ 17：00
［御朱印料］ 300 円
（御朱印・御守の授与 8：30 ～ 18：00）
［アクセス］ JR 亀戸駅より徒歩15 分、JR・地下鉄錦糸町駅より徒歩 15 分
http://kameidotenjin.or.jp/

\ Pick up /

太鼓橋と藤が描かれた御朱印帳。裏面には梅の紋。朱色のものは、東京の天神社で共通に授与。菅原道真の姿がデザインされている。各 1,000 円

Must item

幸運鷽まもり。木彫りの鷽は二日間限定だが、鷽をかたどった御守は一年を通して授与されている

Check!

Lovely!

幼い頃の菅原道真が描かれた絵馬。梅花弁の形をしている

「九品仏《くほんぶつ》」の別称で知られる

浄真寺

＊東京／奥沢

参詣者を見つめる金色の阿弥陀如来像

東急大井町線九品仏駅前の参道を進んで行けば、ものの四分で浄真寺に辿り着きます。「九品仏」の別称でも知られる浄真寺の創建は延宝六年（一六七八）。奥沢城の跡地に、浄土宗の高僧・珂《か》碩《せき》上人によって開山されたことがその始まりです。

九品仏の「九品」とは、生前の行いにより死後往《い》き生《う》まれる極楽浄土が異なるという浄土宗の考え。上品《じょうぼん》・中品《ちゅうぼん》・下品《げぼん》のそれぞれに上生・中生・下生という位があり、「上品上生」から「下品下生」までの九つを、九体の阿弥陀如来像それぞれが表しています。表情や手の形（印相）が一体ごとに異なるので、その違いにも注目してみるとよいでしょう。

およそ三万六千坪の敷地を有する境内には様々な樹木が植えられ、木漏れ日の中を歩いているだけでも癒されます。樹齢八百年を数えるカヤの木や、本堂の左右に広がる枯山水と池泉庭園も見どころです。

本堂の回廊から眺めた枯山水

お参りのあとに♪

都内でも珍しい、一口サイズのケーキ“プチフール”の専門店です。見た目にもかわいらしいケーキは全21種類と種類も豊富で、思わず目移りしてしまいます（5個入 税込1,180円）。手土産にもおすすめですよ。

パティスリー
エール

東京都世田谷区
奥沢8-34-18
TEL 03-6809-8774
［営業時間］
11：00～20：00
［定休日］不定休

Information

浄真寺

東京都世田谷区奥沢7-41-3
TEL 03-3701-2029
［参拝時間］9：00～16：00
［御朱印料］300円
（御朱印・御守の授与9：00～16：00）
［アクセス］東急大井町線九品仏駅より徒歩4分

御朱印

浄真寺を象徴する九体の阿弥陀如来像の印が押された御朱印

Pick up

Check!

本堂である「龍護殿」に由来する龍神守護の御守 1,000円

Lovely!

奥沢城主の愛娘・常盤姫が想いを託した白鷺が地に落ち鷺草となったという「鷺草伝説」にあやかった「さぎ草絵馬」。本堂の前の白鷺像に結ぼう 500円

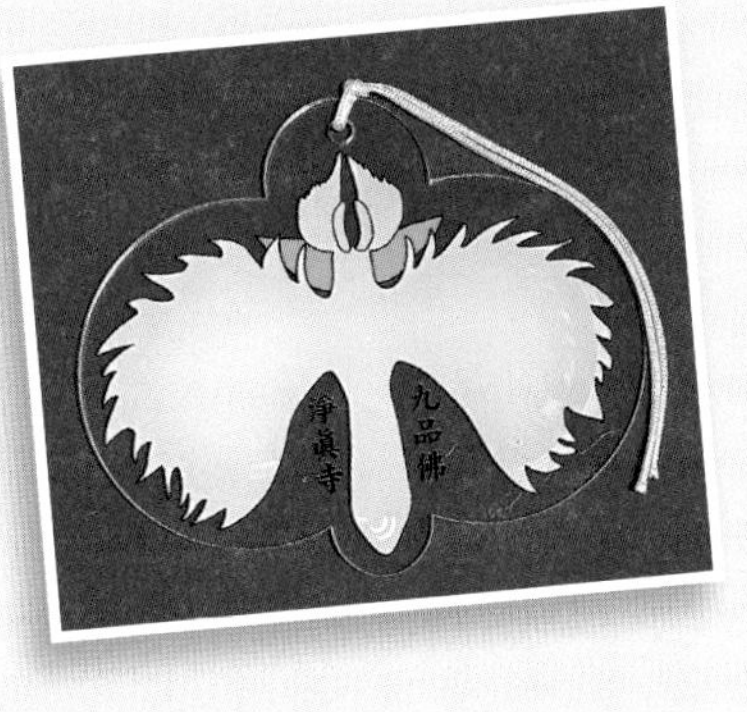

招き猫がたくさん!!

豪徳寺

＊東京／豪徳寺

彦根藩・井伊家ゆかりのお寺

世田谷の閑静な住宅街にある豪徳寺は、一四八〇年、世田谷城主・吉良政忠によって創建されました。幕末の大老・井伊直弼《なおすけ》の墓があることでも知られています。

江戸時代、彦根城主・井伊直孝が鷹狩の帰りに豪徳寺の門前を通りかかったところ、猫が手を挙げて招くようなしぐさをするので立ち寄りました。すると激しい雨が降り出し、雷雨を避けることができたと言います。その際に聞いた、和尚の説法に感銘を受けた直孝は、後に豪徳寺を彦根藩の菩提寺としました。その猫は和尚がたいそう可愛がっていた猫で、猫の死後には「招《まね》福猫児《きねこ》」と称して「招福観音」を祀る「招福殿」を置きました。現在その傍らには、「招き猫」に願掛けして願いが成就した人々が奉納した多くの「招き猫」が並んでいます。招き猫の発祥の地とも言われ、滋賀県彦根市のキャラクター「ひこにゃん」はこちらの「招き猫」がモデルとなって誕生しました。

多くの招き猫が並ぶ

お参りのあとに♪

吉良氏八代にわたって200数十年栄えた世田谷城。1590年に廃城となりましたが、今でも土塁や丘、谷が残っています。

世田谷城址公園

東京都世田谷区
豪徳寺 2-14-1

Information

豪徳寺

東京都世田谷区豪徳寺 2-24-7
TEL 03-3426-1437
［参拝時間］ 6：00 ～ 18：00
※季節により変動あり
［御朱印料］ 300 円
（御朱印・御守の授与 9：00 ～ 16：00）
［アクセス］ 東急世田谷線宮の坂駅より徒歩５分

御朱印

御朱印の中央に本尊と釈迦牟尼佛と記されている。左上の印は井伊直弼の墓所があることを示す

\ Pick up /

Must item

招き猫とお札の御守。どちらも 500 円

Check!

招き猫とその年の干支がデザインされた絵馬。願いを書いて「招福殿」に掛けよう 800 円

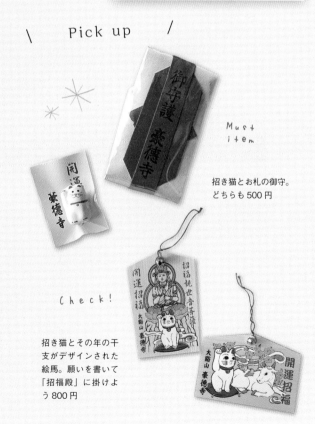

コラム・四季の観光スポット

東京 23 区編

春 ／ 臨海副都心チューリップフェスティバル

臨海副都心の青海、有明、台場の各地区を結ぶ「シンボルプロムナード公園」には、3月中旬から4月中旬までの間、300品種、16万球のチューリップが咲き誇ります。チューリップにちなんだイベントも開催されます。(2021年はイベント開催未定)

東京港埠頭株式会社 企画開発課　TEL 03-3599-7305

東京湾 ／ 夏

夏は海風が涼しいベイエリアで涼みましょう。お台場、晴海、豊洲、葛西、汐留、羽田など、東京湾沿岸は観光スポットがたくさん。レインボーブリッジのロマンチックな夕景や、屋形船から見る花火も素敵です。

秋 ／ べったら市

毎年10月19日、20日は日本橋の宝田恵比寿神社で「べったら市」が開催されます。江戸中期に始まった歴史のある市で、「べったら漬」という漬物をはじめ、500もの露店で賑わいを見せます。

宝田恵比寿神社　東京都中央区日本橋本町 3-10-11

丸の内イルミネーション ／ 冬

冬は東京各地できらめくイルミネーションを見ることができます。「丸の内イルミネーション」は、丸の内仲通り沿いの木々がシャンパンゴールドの幻想的な光に包まれ、街全体が上品に輝きます。

11月中旬～翌2月中旬　丸の内仲通り、他

TEL 03-5218-5100（丸の内コールセンター）

東京
市部エリア

深大寺《じんだいじ》

奈良時代創建の歴史

＊東京／調布

東日本最古の国宝仏を奉安する関東屈指の古刹

七三三年に開創された関東屈指の古刹である深大寺は、厄除けや縁結びの寺としても有名です。創建には福満《ふくまん》という一人の男と郷長《さとおさ》右近《うこん》の娘の恋伝説が秘められ、二人の子、満功上人《まんくうしょうにん》が深沙大王《じんじゃだいおう》をお祀りしたのが始まりとされています。

武蔵野の緑豊かな森の中に位置し、都内寺院の仏像で唯一にして東日本最古の国宝仏である「釈迦如来像」が祀られています。年間を通して多くの行事が行われ、三が日の人出は約二〇万人にのぼります。毎年三月三日、四日の厄除元三大師大祭は、日本三大だるま市の一つに数えられ、七万人以上の人で賑わいます。

また、四〇〇年余りの歴史を持つ「深大寺そば」も有名で、門前の参道には二〇軒余りのそば屋が並び、たいへんな活況を見せています。

本堂から少し歩いたところに建つ「深沙大王堂」。縁結びのお願い・絵馬はこちらに

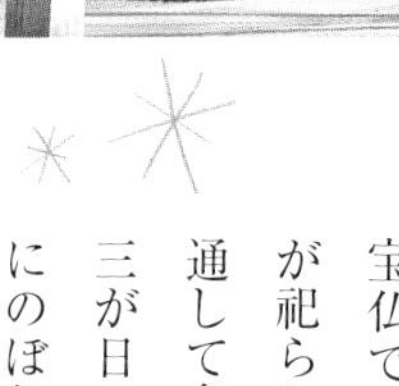

参道には深大寺蕎麦のお店だけでなく和菓子やお土産の店が立ち並び、いつも賑わう

お参りのあとに♪

深大寺に隣接するのは、都内最大級の植物公園。ばら園には噴水もあり、400品種以上のバラが咲きます。桜や梅の名所としても知られ、四季折々の植物が楽しめます。

神代植物公園

東京都調布市
深大寺元町5-31-10
TEL 042-483-2300
［入園時間］9：30～16：00
（閉園17：00）
［入園料］大人500円、中学生200円、65歳以上250円
［休園日］月曜日（月曜日が祝日の場合その翌日）、年末年始

Information

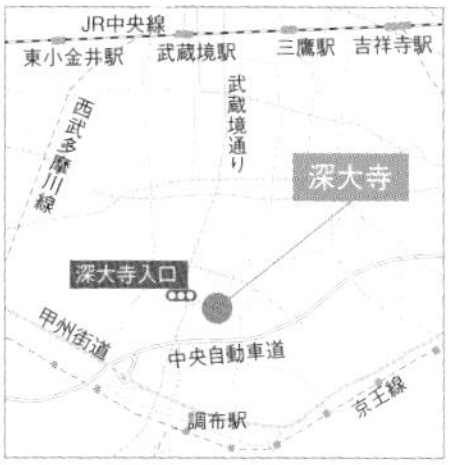

深大寺

東京都調布市深大寺元町5-15-1
TEL 042-486-5511
［参拝時間］9：00～17：00
［御朱印料］500円
［アクセス］京王線つつじヶ丘駅・調布駅より京王バス「深大寺」行約15分。JR吉祥寺駅・三鷹駅より小田急バス「深大寺」行約20分
http://www.jindaiji.or.jp/

御朱印

左から「無量寿」（本堂・宝冠阿弥陀如来）、「白鳳仏」（釈迦堂・国宝 釈迦如来像）、「厄除元三（がんざん）大師」（元三大師堂・厄除元三大師）の3種類の御朱印

Pick up

Must item

山門と国宝「白鳳仏」が描かれたご朱印帳。デザインは15年以上受け継がれてきている。淡いパープルにゴールドの文字がきれい。2,000円

Cute!

色鮮やかな良縁成就の絵馬。乙女心くすぐる可愛らしい絵馬にお願いすれば、きっと恋も叶うはず？

一九〇〇年前に創建した

大《おお》國《くに》魂《たま》神社

＊東京／府中

縁結びや安産祈願
くらやみ祭も訪れたい

京王線府中駅から歩いて五分ほどの場所に建つ大國魂神社は、日頃から多くの人で賑わいます。毎月のようにお祭りが行われ、広い境内いっぱいに露店が並ぶことで知られていますが、なかでも関東三大奇祭とも言われる「くらやみ祭」は大変な賑わいです。

創建は一九〇〇年も前のことで、この地を開拓したと伝わる大國魂大神《おおくにたまのおおかみ》を主祭神としてお祀りしています。武蔵国の総社でもある大國魂神社のご利益は、厄除けや縁結びなどが有名です。他にも、境内の宮乃咩《みやのめ》神社は、源頼朝が妻・北条政子の安産を願ったことで知られ、安産祈願の絵馬や、水がするりと流れるように安産が叶うよう、穴を開けた柄杓《ひしゃく》が奉納されています。

また、境内にはたくさんの狛犬の像が建ちます。なかでも、とても小さく、どことなく人の様にも見える個性的な巽《たつみ》神社の狛犬は見逃せません。境内の狛犬めぐりも面白いですね。

安産祈願の宮乃咩神社。
沢山の柄杓が見える

お参りのあとに♪

創作イタリアンとカリフォルニアワインが味わえるお店です。料理は、イタリアのトスカーナ地方で修行し、食材にもこだわるシェフによる本格派。テラス席はペットと同伴も出来ます。

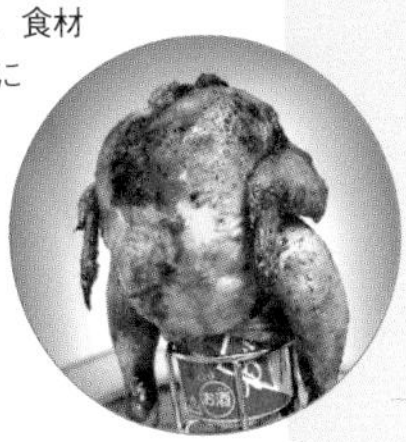

Wine Terrace Yu-me《ユーメ》

東京都府中市宮町 2-4-2 1F
TEL 042-302-3977
[営業時間]
〈火～金〉11：30 ～ 15：00、
17：00 ～ 24：00
〈土・日〉11：30 ～ 24：00
[定休日] 月曜日

Information

大國魂神社

東京都府中市宮町 3-1
TEL 042-362-2130
[参拝時間]
〈4月～9月14日〉 6:00～18:00
〈9月15日～3月〉 6:30～17:00
[御朱印料] 300 円
(御朱印・御守の授与 9：00 ～ 17：00)
[アクセス] 京王線府中駅、JR 府中本町駅より徒歩 5 分
https://www.ookunitamajinja.or.jp/

御朱印

「武蔵総社」と墨書された歴史と格式を感じる御朱印

Pick up

全国総社会で作られた御朱印帳。全国総社の一覧が挟まれている。1,500 円

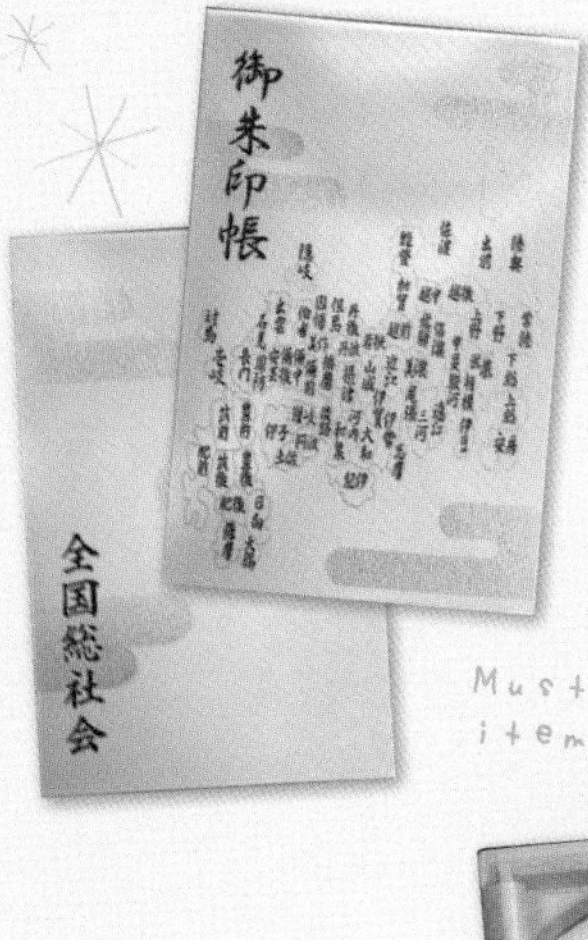

Must item

Lovely!

安産の御守。桐の箱に入り、丸く愛嬌のある犬が可愛らしいデザイン

関東三大不動のひとつ

高《たか》幡《はた》不《ふ》動《どう》尊《そん》

＊東京／日野

豊かな自然が息づき
四季の彩りを感じるお寺

高幡不動駅を降りると商店が並ぶ参道が延び、その先で一際目を引くのが高幡不動尊の五重塔です。平安様式を模して造られた塔は、どこか優雅で見とれてしまいます。平安前期に開かれた高幡不動尊は、関東でも有数の歴史を持つことで知られ、国指定の文化財が数多く所蔵されています。

境内には自然が広がり、梅雨の季節はアジサイが見事に咲き、秋は紅葉が色づくなど、季節ごとの美しさがあります。特にアジサイが有名で、二百種類、七五〇〇株余りが花咲く「あじさいまつり」には多くの人が訪れます。お参りの後は、アジサイを眺めながら境内をのんびり散策すれば、デートにもぴったり。

また、門を抜けてすぐ左手には、りりしい表情の新選組副長・土方歳三の銅像と、近藤勇・土方歳三顕彰碑が並んでいます。日野石田出身で高幡不動尊の檀家であった土方家に由来し、今も五月に新選組祭りが開催され、大いに賑わっています。

土方歳三の像。強い眼差しがまっすぐ日野のまちを見守っている

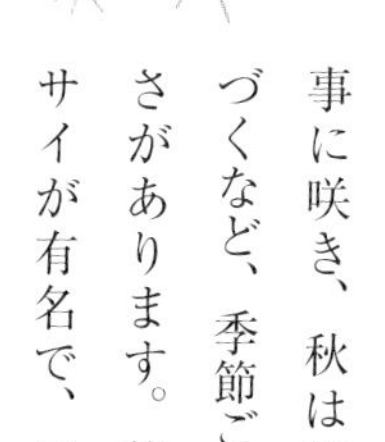

お参りのあとに♪

伝統のフランス菓子が並びます。シューケースには可愛らしいケーキや生菓子がずらり。看板メニューの「フジウ」(450円)には、チョコレートの中にさくらんぼのジュレとピスタチオのキャラメリゼが。

フジウ

東京都日野市
高幡 17-8
TEL 042-591-0121
[営業時間]
9:00 ～ 20:00

Information

高幡不動尊

東京都日野市高幡 733
TEL 042-591-0032
[参拝時間] 9:00 ～ 17:00
(奥殿・大日堂～ 16:00)
[御朱印料] 300 円
(御朱印・御守の授与 9:00 ～ 17:00)
[アクセス] 京王線・多摩都市モノレール高幡不動駅より徒歩 3 分
http://www.takahatafudoson.or.jp

御朱印

経を納めた証として頂く御朱印には、不動明王の印が押されている。昔は「ご納経」と呼ばれていたという

Pick up

高幡不動尊の本堂と五重塔が描かれた御朱印帳と、願い事が叶うと伝えられる天井画「鳴り龍」など 4 種類がある。各 1,200 円

Must item

交通安全のご利益が有名な高幡不動尊では、御守も充実。大切な人の交通安全を願ってプレゼントしてみては

Lovely!

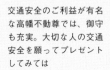

広い境内に梅が花咲く

谷《や》保《ぼ》天満宮

＊東京／国立

東日本最古の天満宮
学業と交通安全

南武線の谷保《やほ》駅を降り少し歩くと、谷保天満宮の鳥居と木のトンネルが出迎えてくれます。そのまま自然豊かな境内を進むと、ニワトリの鳴き声が聞こえてくることも。何とも長閑《のどか》な空間が広がります。四季折々の魅力の詰まったこちらの天満宮では、紅葉やアジサイも魅力ですが、特に梅の名所として知られ、御朱印帳や御守も爽やかな梅のデザイン。境内の梅林は約千坪にわたり、毎年梅祭りが開催され賑わっています。これは、御祭神の菅原道真が梅の花をこよなく愛されたことに由来します。道真の第三子、道武《みちたけ》が父の姿を木に彫って祀ったのが谷保天満宮の始まりとされているそうです。

谷保天満宮は学業の神様として有名で、学生も多く訪れるのが特徴。また、交通安全祈願発祥の地としても知られ、百年以上前、こちらの梅林で日本の自動車の将来が話し合われたという記録が残されています。

自然豊かな境内。ニワトリがのんびり歩く風景にも出会えるかもしれない

お参りのあとに♪

江戸時代後期の農家を移築、復元し一般公開しています。国立市文化財に指定され、当時の暮らしを見ることができます。年間を通して土地に伝わる様々な伝統行事を開催しています。

国立市古民家

東京都国立市泉 5-21-20
TEL 042-576-0211
（くにたち郷土文化館）
［開館時間］9：00 ～ 17：00
［休館日］第２・４木曜
（祝日の場合は翌日）
［入館料］無料

Information

谷保天満宮

東京都国立市谷保 5209
TEL 042-576-5123
［参拝時間］24 時間
［御朱印料］500 円
（御朱印・御守の授与 9：00 ～ 16：50）
［アクセス］JR 谷保駅より徒歩３分
http://www.yabotenmangu.or.jp/

御朱印

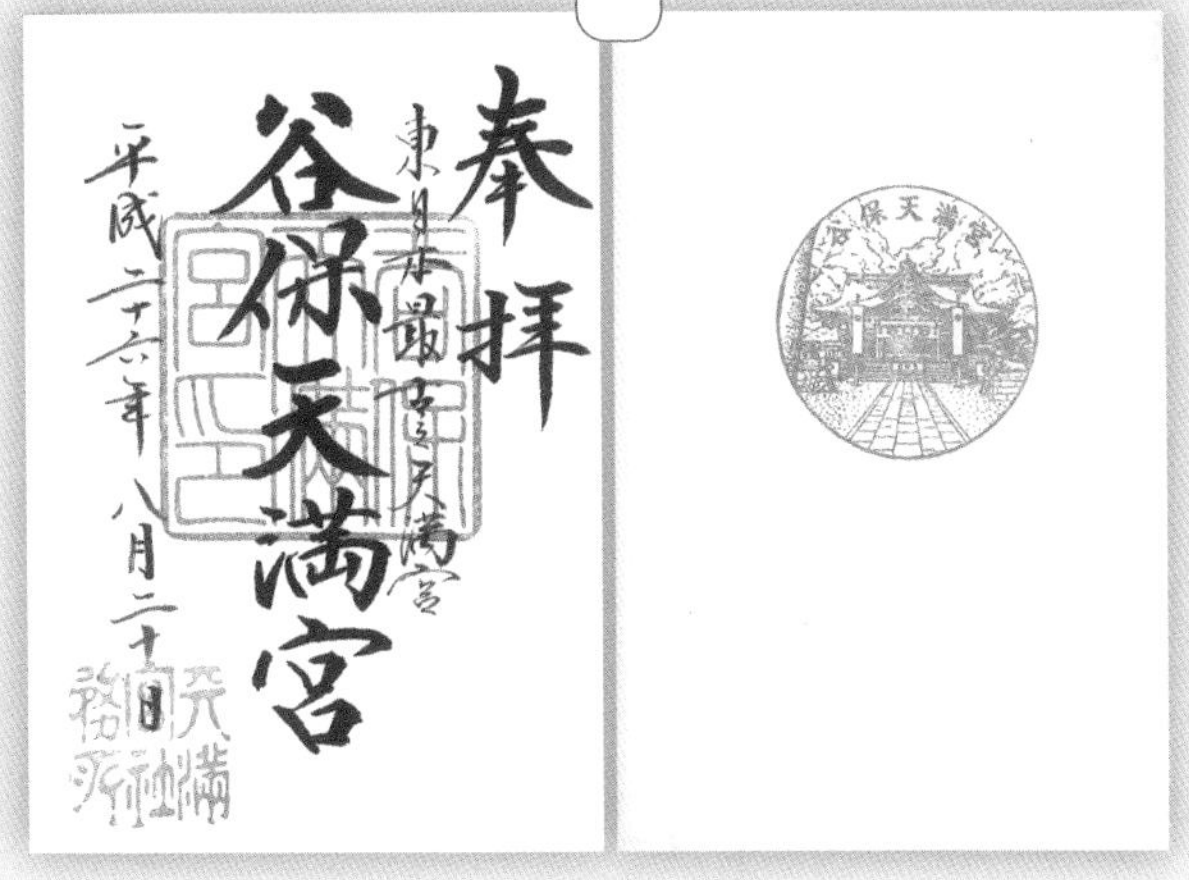

東日本の天満宮では最も古いとされ、関東三大天神と称される谷保天満宮。御朱印にも「東日本最古天満宮」の文字が

Pick up

Must item

青空に紅梅と白梅が咲き乱れるイメージで作られた爽やかな御朱印帳。ブームに先駆けたデザインで注目を集め、「日本一かわいい御朱印帳」とメディアに取り上げられるほど。大 1,700 円、小 1,500 円

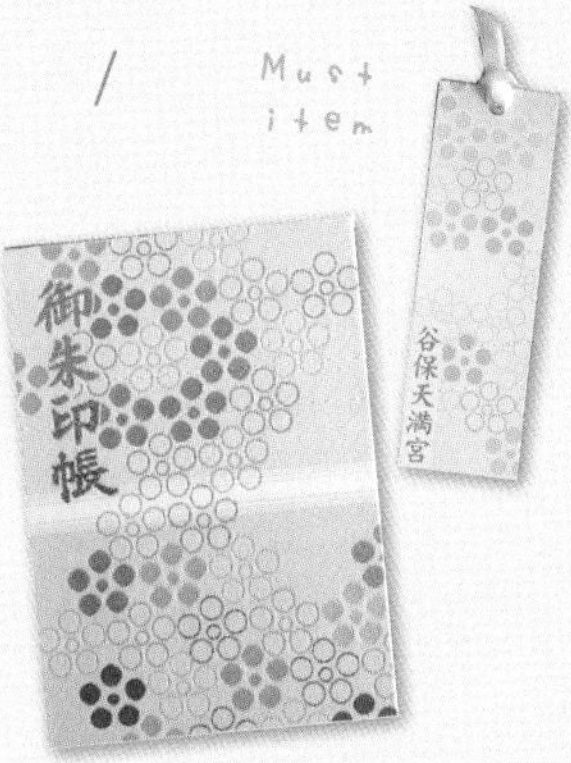

こちらにも梅の花が。
絵馬は他にも種類豊富

受験生に合格御守。梅がデザインされた御守と鉛筆のセット。この鉛筆で試験に挑めばより合格に近づけるかも

様々な願いが寄せられる

阿豆佐味《あずさみ》天神社

＊東京／立川

安産・子授け
愛猫が戻るご利益も

健康・知恵の神「少彦《すくなひこ》名命《なのみこと》」と芸術・文学の神「天《あめの》児《こ》屋《や》根《ね》命《のみこと》」を祀る「阿豆佐味天神社」。その境内には、安産・子授けの神さま「立川水天宮」があり、犬のペイントがされた可愛い石像も顔を覗かせています。戌《いぬ》の日の安産祈願には遠方からも妊婦さんが訪れるそうです。

また、その隣に建つ「蚕《こ》影《かげ》神社」は、養蚕農家の信仰を集めた蚕《かいこ》の守り神です。蚕の繭を狙う天敵・鼠《ねずみ》を猫が退治することから、養蚕業が衰退した現代も、猫の神さまとして注目を集め、別名・猫返し神社とも呼ばれています。実際に、失踪した猫の帰還をお願いしたところ、翌日に帰ってきたという例があり、愛猫家から様々なお願いが寄せられています。境内には「ただいま猫」と呼ばれる石像が立ち、その愛らしい目で見つめられると、足を止めずにはいられません。

境内にちょこんと座っている「ただいま猫」

ししおどしにはまんまるの犬の像

お参りのあとに♪

季節の花が咲き、夏はプール、秋の紅葉のライトアップが楽しめる公園。随時イベントも開催されるので、デートはもちろん友人や家族とわいわい過ごすのも。

国営昭和記念公園

東京都立川市緑町 3173
TEL 042-528-1751
［開園時間］
〈3〜10月〉9:30〜17:00
〈11〜2月〉9:30〜16:30
〈4月〜9月〉土・日・祝は〜18:00
その他変更あり。詳細はお問い合わせ
［入園料］大人 450 円　小・中学生 無料

Information

阿豆佐味天神社

東京都立川市砂川町 4-1-1
TEL 042-536-3215
［参拝時間］夏季 6：00 〜 16：30
冬季 日の出から日没
［御朱印料］300 円※朱印紙で頒布
（御朱印・御守の授与　平常 10：00 〜 12：00、13：00 〜 15：30 不定休）
［アクセス］
JR立川駅から、立川バス「三ツ藤・箱根ヶ崎駅」行「砂川四番」停留所下車すぐ
http://www.azusami-suitengu.net/

御朱印

阿豆佐味の「あずみ」は「安住」、「さ」は「とても」という意味で、「とても安心して住める場所」から来ている

Pick up

Must item

戌の日限定で登場するおみくじ「旅と人生万葉みくじ」。和風のお花がかわいい

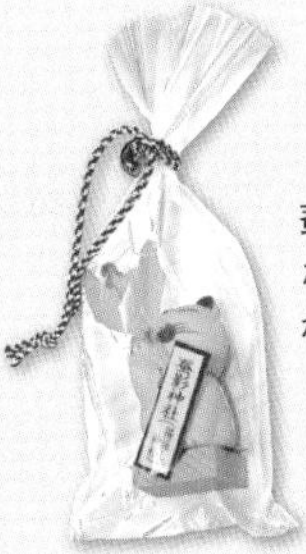

蚕影神社の猫のかたちの御守。表情がかわいらしい

Lovely!

猫が描かれた蚕影神社の絵馬と、水天宮の絵馬。安産・子授けの願いや、愛猫への思いを込めた絵馬がたくさん掲げられている

小野神社

時間がゆっくり過ぎる場所

＊東京／多摩

悪縁を切り良縁を呼ぶ 水と桜の神様

創建は奈良時代とも言われる小野神社は武蔵一之宮の神社として知られ、現在まで多摩市一ノ宮という地名が残っています。御祭神は武蔵国開拓の祖神である「天《あめ》ノ《の》下春命《したはるのみこと》」と、桜の神様と呼ばれ、天照大神の皇后とも言われている「瀬織《せおり》津《つ》姫命《ひめのみこと》」。特に瀬織津姫命は水の女神であり、罪・けがれを洗い流すお祓いの神様・祓戸大神《はらえどのおおかみ》として知られ、悪縁を切るといったご利益があります。そのため、悪い縁を断つため遠くからご祈祷を受けに訪れる人も少なくありません。悪縁が遠のき、自然と良縁に恵まれたという声も多いといいます。

境内を進むと、珍しいハートの模様のある岩があります。岩自体の形もどことなくハートに見え、良い恋愛を呼び寄せてくれそうな予感がしますね。

小野神社は多摩市の静かな場所に建ち、ゆっくりとした時間が流れています。一人で訪れるのもいいですね。

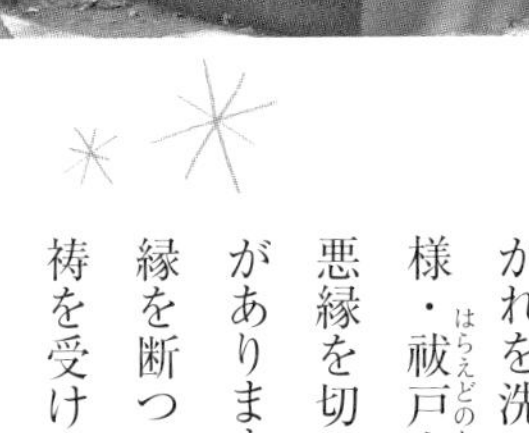

ハートの模様は自然に出来たもの。境内で発見され、現在はこのようにお祀りされている

お参りのあとに♪

聖蹟桜ヶ丘駅の北西に広がる多摩川河川敷に作られた公園。花壇や芝生が広がり、多摩川沿いをのんびり散策する人の姿も見られます。

一ノ宮公園

東京都多摩市
一ノ宮 1049

御朱印

御朱印はご祈祷などで不在の場合もあるため、事前に確認のお電話を。遠方から御朱印を受けに来る人も多いとか

Pick up

Lovely!

一面にピンクのお花が描かれたちりめん地の御朱印帳と、セットの巾着。巾着に入れてバッグに入れれば、持ち運びにも便利。2,000 円

Must item

「瀬織津姫命」のお札と御守。鮮やかな和紙で縁取られているお札は珍しい。悪縁を遠ざけ良縁を運んでくれるかもしれない

Information

小野神社

東京都多摩市一ノ宮 1-18-8
TEL 042-338-1151
[参拝時間] 9：00 ～ 17：00
[御朱印料] 500 円
(御朱印・御守の授与 9：00 ～ 17：00)
※不在の場合あり
[アクセス]
京王線聖蹟桜ヶ丘駅より徒歩6分
http://onojinja.or.jp

水の豊かな地に建つ

子《こ》安《やす》神社

＊東京／八王子

女性の人生に寄り添う 縁結び・安産の女神

子安神社は、安産や縁結びにご利益があるとされています。千二百年以上前、淳仁《じゅんにん》天皇の妃の安産祈願のため創建された、歴史ある神社です。子安神社が建つ八王子駅前は昔、社を囲むように約一キロメートルにわたり木が茂っていて、それがまるで舟のような形をしていたといいます。境内には今も自然の池が湧いていて、水が豊かなことが生命力の象徴とされた事から、安産の信仰を集めるようになりました。

縁結び祈願の末に結ばれ、こちらで結婚式をあげた夫婦が子供を授かり、安産祈願に訪れ、その後初宮詣にも…と人生に寄り添い、長く愛されている神社です。

御祭神は、天照大神の孫の妻である美しい女神・木《この》花開耶《はなさくや》姫命《ひめのみこと》で、桜の神様とも呼ばれています。そのことを示すように、春になるとソメイヨシノとしだれ桜が境内に咲き誇り、訪れる人を魅了しています。

境内の鳥居をくぐると
金比羅神社も

お参りのあとに♪

明治時代より織物の街として繁栄した八王子は、社交場として利用された多くの料亭がありました。界隈には現在でも芸者衆を抱える置屋が数軒あり、伝統文化を今に伝えています。

八王子黒塀通り

JR 八王子駅
北口より、西放射線
ユーロードを通って
徒歩約５分のところ

Information

子安神社

東京都八王子市明神町 4-10-3
TEL 042-642-2551
［参拝時間］ 夏期６:00 ～ 18:00
冬期６:00 ～ 17:00
［御朱印料］ 500 円
（御朱印・御守の授与 9:00 ～ 17:00）
［アクセス］
京王線八王子駅より徒歩１分、
JR 八王子駅より徒歩７分
https://koyasujinja.or.jp

御朱印

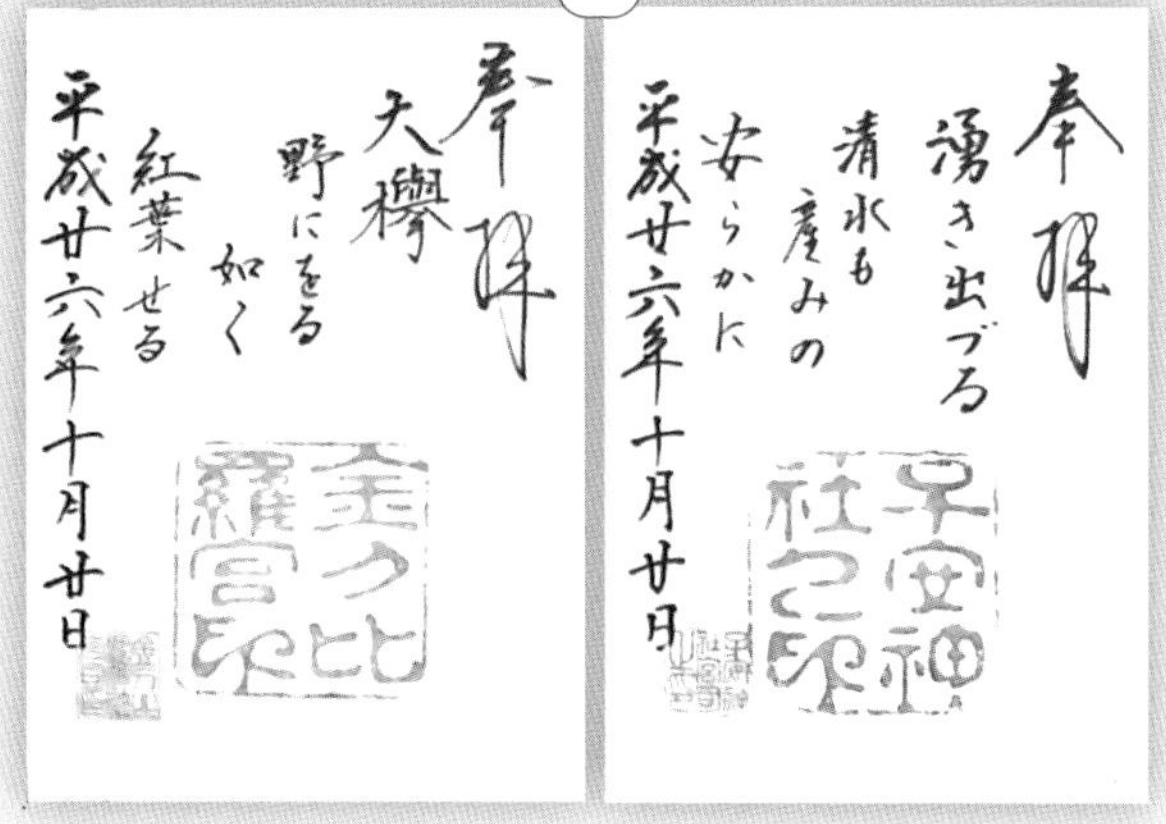

子安神社を訪れた山口誓子が詠んだ和歌が書かれた珍しい御朱印。当時の情景に思いを馳せてみては

Pick up

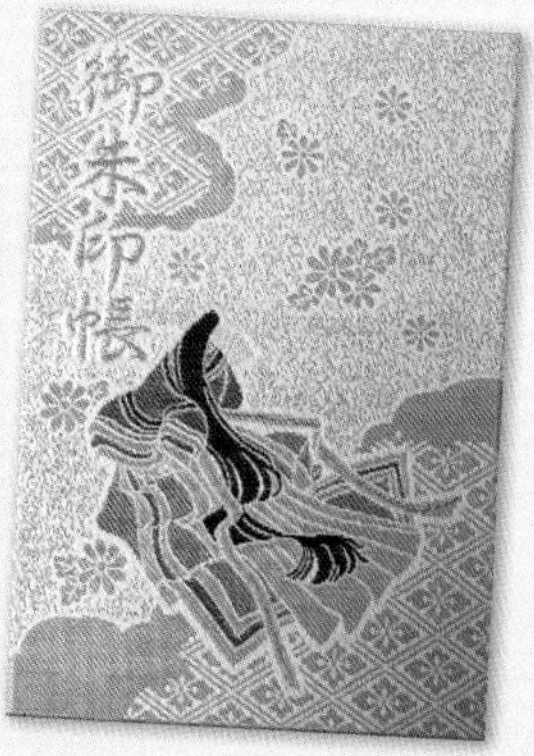

桜と菊が花咲く中に、十二単（ひとえ）の木花開耶姫神の後ろ姿が描かれた御朱印帳。郵送でも購入できることから、遠方からも注文が多い。その美しい後ろ姿は女性の憧れそのもの。1,500 円

Must item

Lovely!

竹を母体に見立て、御池の水に浸して奉納する。底のない竹の柄杓は、水をすくうと抜けていくことからお産がスムーズにという安産祈願に。安産お礼は底のあるものを納める

登山者数世界一の山

髙《たか》尾《お》山《さん》薬《やく》王《おう》院《いん》

＊東京／高尾

良縁エピソードが残る登山の名所

東京都心部から日帰りでも登山が楽しめると人気の高尾山。年間の登山者は世界一とも言われています。ケーブルカーやリフト、整備された登山道もあり、初心者にも優しいのが特徴です。名物のとろろそばのお店が並び、夏にはビアガーデン（ビアマウント）が開催され賑わいます。そして、山中には高尾山薬王院のお堂が点在しています。

一二七〇年以上前に、聖武天皇の勅命により薬師如来を本尊として開山されました。その後飯縄《いづな》大権現を感得《かんとく》され、本尊としています。

諸願成就や良縁成就のご利益が有名で、素敵なお話が残されています。御守を売っていた女性職員に、参拝者の男性が一目惚れし告白、その後恋人同士に。そしてその数年後、出会った日の同じ時間に高尾山薬王院でプロポーズしたといいます。まさに高尾山が結んだ縁ですね。若い登山者も多い高尾山、出会いの予感に溢れています。

天狗の像が建つ御本社

お参りのあとに♪

富士山の頂に夕日が落ち、まるでダイヤモンドのような輝きを見せる姿。そんな景色を、空気が澄んだ日には高尾山の山頂から見られる事があるといいます。大切な人と眺めたい、そんな景色です。

ダイヤモンド富士

高尾山山頂　もみじ台

Information

高尾山薬王院

東京都八王子市高尾町 2177
TEL 042-661-1115
[参拝時間]　9：00 ～ 16：00
[御朱印料]　300 円
(御朱印・御守の授与 9：00 ～ 16：00)
[アクセス]
高尾山電鉄ケーブルカー高尾山駅より徒歩 20 分
http://www.takaosan.or.jp/index.html

御朱印

御本尊である飯縄大権現と書かれた迫力のある御朱印

Pick up

ちりめん織りの御朱印帳は二冊並べると大天狗と小天狗が対面したように。裏には寺紋がデザインされている。天狗の御朱印帳各 1,800 円

Must item

「夢叶守」。夢や想いが実り、叶いますようにと祈願された御守

伊《い》豆《ず》美《み》神社

静かな時間が流れる、水と緑の鎮守の杜《もり》

＊東京／狛江

色々なお願いを 縁結びにもご利益が

多摩川が流れる自然豊かな狛江市。狛江駅からのどかな通りを抜けると、小さな鳥居が見えます。伊豆美神社の石の鳥居は徳川家の旗本が寄進したもの。武蔵国で最も古い石の鳥居とされて、市指定の文化財となっています。

平安時代に「六所宮《ろくしょぐう》」という名前でお祀りされ、明治になって伊豆美神社という名前になったそうです。狛江市中《なか》和泉《いずみ》に建つことから、和泉を昔の仮名である伊豆美と読み替えて命名されました。とても綺麗な名前ですね。

こちらは大國魂神社（五六頁）や武蔵一宮氷川神社（一一八頁）などの関東の大きな神社を祀っているため、様々なご利益があります。例えば、農業や無病息災、そして縁結びにもよいとされています。また、本殿の裏側でお願いをすると願い事が叶うと言われています。一度おためしを。

上／小柄な鳥居には長い歴史が　左／裏側にもお願いをすると叶うと言われている

お参りのあとに♪

伊豆美神社から少し歩くと万葉集の歌が刻まれた石碑が建ちます。多摩川についての和歌が記された碑は、江戸時代に老中・松平定信によって書されたものでしたが、一度洪水で流されてしまい、大正時代に江戸のものを模して再建されました。緑に囲まれ、落ち着く空間です。

万葉歌碑

東京都狛江市中和泉 4-14-3

Information

伊豆美神社

東京都狛江市中和泉 3-21-8
TEL 03-3489-8105
［参拝時間］24 時間
［御朱印料］おまかせしています
(御朱印・御守の授与 10：00 〜 15：00)
［アクセス］
小田急線狛江駅より徒歩8分
http://www.tokyo-jinjacho.or.jp/syoukai/26_kitatama/26174.html

御朱印

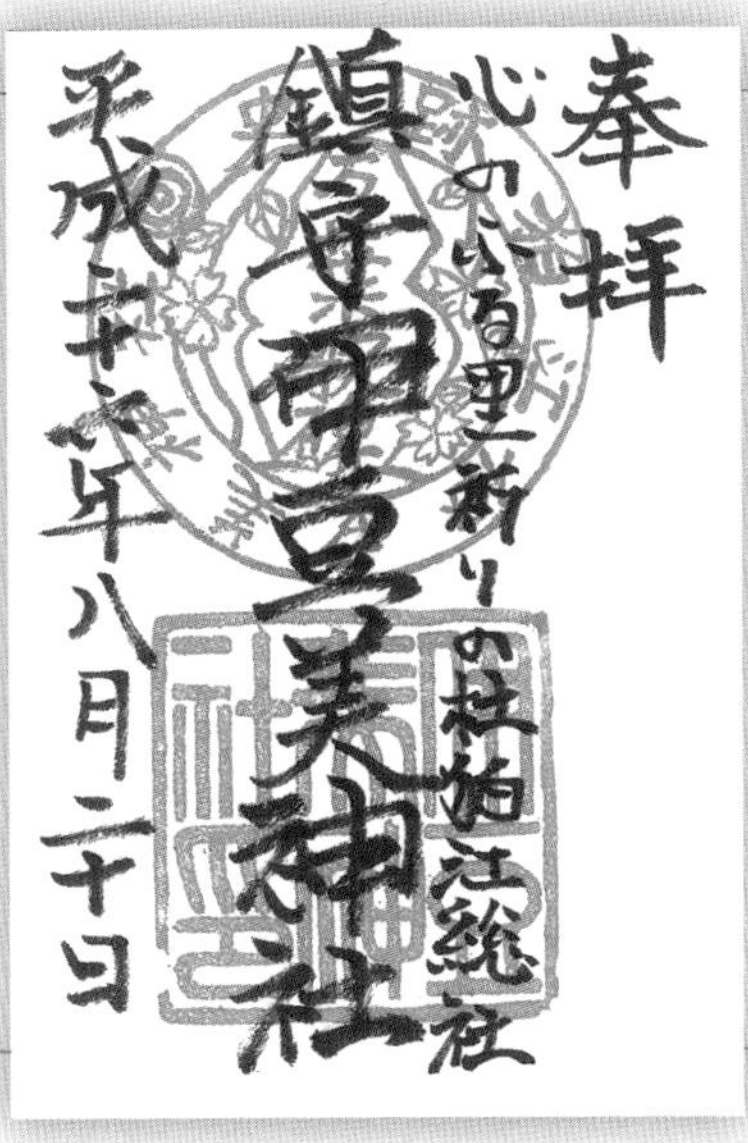

石の鳥居の近くに建つ社務所で受けることができる。万葉歌碑がかたどられた印が素敵。一人一人のしあわせを祈り書かれている

\ Pick up /

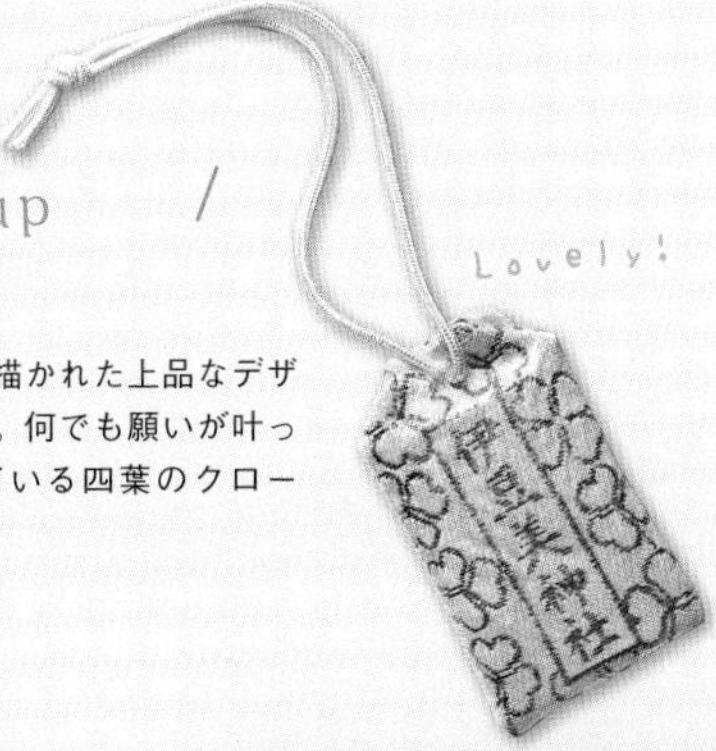

Lovely!

白地にクローバーが描かれた上品なデザインの万葉歌碑守り。何でも願いが叶ってしまうと言われている四葉のクローバーを探してみては

Check!

明治時代に建てられた拝殿の天井には、地元の人たちが詠んだ和歌が刻まれている

塩船観音寺

つつじの咲く、花と歴史のお寺

＊東京／青梅

若さと美貌を叶え「夫婦杉」で円満に

　四月半ばから五月上旬にかけて、塩船観音寺には約一万七千本ものつつじの花が咲きます。種類豊富な色とりどりのつつじが長く楽しめ、春は多くの人で賑わいを見せます。

　大化年間（六四五～六五〇年）に八百比丘尼《やおびくに》という尼僧が、紫金の観音像をこの地に安置したのが始まりと伝えられています。十八歳の時に人魚の肉を食べ不老不死となってしまった尼僧でしたが、その後全国に仏法を広め、八百歳の頃、仏様になったといいます。そのことから不老長寿、特に「若さ」と「美貌」にご利益があるとされ、女性には嬉しい限りです。

　また、境内に立つ樹齢千年を超える二本の大きな杉は、「夫婦杉」と呼ばれ、カップルや夫婦で通ると円満に過ごせると言われています。

本堂をはじめ重要文化財が多数ある

門から本堂への道沿いに伸びる「夫婦杉」

お参りのあとに♪

昭和37年（1962）に鉄道開業90周年記念事業として開園。明治・大正時代に活躍した蒸気機関車や、国指定重要文化財を含む貴重な鉄道車両を屋外展示しています。

青梅鉄道公園

東京都青梅市
勝沼2-155
TEL 0428-22-4678
［開園時間］
〈3～10月〉10：00～17：30
〈11～2月〉10：00～16：30
（入園は30分前まで）
［休園日］月曜（祝日の場合は翌日）、
年末年始（12月29日～1月2日）
［入園料］ 小学生以上100円

Information

塩船観音寺

東京都青梅市塩船194
TEL 0428-22-6677
［参拝時間］ 8：00～17：00
［御朱印料］ 300円（つつじまつり期間のみ入山料300円）
（御朱印・御守の授与8：00～17：00）
［アクセス］ JR河辺駅より都バス・西東京バス「塩船観音入口」下車、徒歩10分
http://www4.ocn.ne.jp/~kannonji/

御朱印

塩船観音寺の御朱印は全部で8種類。「東国花（とうこくはな）の寺」のお花が描かれた御朱印は花の寺百花寺専用の御朱印帳のみの対応

Pick up

Must item

つつじの模様が散りばめられたオリジナルの御朱印帳。色違いで揃えたい。1,200円

Lovely!

本堂に置かれている「恋みくじ」。着物や表情もそれぞれ少しづつ違い、友達とひき比べてみるのも楽しそう

愛犬の健康を願う

武蔵御《み》嶽《たけ》神社

＊東京／青梅

御《み》岳《たけ》山の山頂に建つ 景色が自慢の神社

　奥多摩の人気スポット、標高九二九メートルの御岳山ですが、ケーブルカーが山頂近くまで連れて行ってくれるので気軽に訪れる事が出来ます。ケーブルカーを降りると、東京の景色が見渡せ、そこから頂上へは宿坊が連なる登山道を二五分ほど歩きます。その道のりには、樹齢千年を超えるとも言われるケヤキなど、見所はたくさん。

　武蔵御嶽神社は、そんな御岳山の頂上に建ちます。創建は紀元前と伝えられる歴史ある神社で、櫛眞《くしま》智《ち》命《のみこと》・大己貴《おほなむち》命《のみこと》・少彦《すくなひこ》名命《なのみこと》をお祀りしています。江戸時代には、南向きの社殿を「江戸の西の護り」として東向きに改められたとも伝えられています。その後一七〇〇年に徳川綱吉の命により、現在の幣殿・拝殿が造られました。

　境内にある大口《おおくち》真《ま》神社《がみしゃ》は狼をお祀りし、盗難や魔除けの神様「おいぬ様」と親しまれ、近年は愛犬の健康を願い、ペットと訪れる人が多いといいます。

武蔵御嶽神社は東京が見渡せる絶景スポット。日の出の景色も素敵です

お参りのあとに♪

滝本駅（標高 407.6m）から御岳山駅（標高 831 m）を、片道約 6 分間で結ぶケーブルカー。武蔵号や御嶽号のグッズも販売。御岳山駅からリフトで展望台へ登れば、東京の景色が広がります。

御岳登山鉄道 ケーブルカー・リフト

東京都青梅市御岳 2-483
TEL 0428-78-8121
[料金]
〈御岳登山鉄道〉
片道 大人 600 円、往復 大人 1,130 円
〈リフト〉片道 100 円、往復 190 円

御朱印

中央の武蔵御嶽神社の印を始め、個性的な印が特徴の御朱印

Information

武蔵御嶽神社

東京都青梅市御岳山 176
TEL 0428-78-8500
[参拝時間] 24 時間
[御朱印料] 500 円
(御朱印・御守の授与 8:30 〜 16:30)
[アクセス] 御岳登山鉄道御岳山駅より徒歩 25 分
http://musashimitakejinja.jp/

Pick up

社殿が描かれたさわやかな色合いの御朱印帳。1,000 円

Must item

Lovely!

大真口神社の狼の木札の御守（下）と、諸災除の御守（上）。どちらも狼のモチーフが可愛い

緑が広がり空気がおいしい

稲《いな》足《たり》神社

＊東京／あきる野

ランナーやアウトドアに 健脚の神様・韋《い》駄《だ》天《てん》尊《そん》神《しん》

緑豊かな奥多摩、あきる野市はアウトドアやレジャーで人気の場所です。キャンプやバーベキュー、サイクリングやランニング…。あきる野市にはそんなアウトドアが大好きな人に嬉しいスポットがあります。

あきる野市に建つ稲足神社は、男神・面足《おもだる》尊《のみこと》と女神・惶《かしこ》根《ね》尊《のみこと》というふたつの御祭神を本殿でお祀りしています。また、境内には脚の神さまとされ、健脚にご利益のある韋駄天尊神の神殿も建っています。足の速いことで有名な神様で、腰から足先にかけての病気の治癒のほかに、子供の守り神とされていて、小さな子供を連れた若い夫婦の参拝も多いといいます。都心に住むファミリーやお勤めの方にとっては、自然に触れる機会にもなって嬉しいですね。

多摩まで行く時間がないときは、新宿ワシントンホテルの一角にも韋駄天尊神の石碑が祀られている神殿があるのでこちらにもどうぞ。

韋駄天尊神殿と、本殿の天井画

お参りのあとに♪

日本最大級の「流れるプール」で有名なサマーランド。屋内プールもあり、遊園地のアトラクションも充実しているので一年中楽しめます。ファミリーやデートにぴったり。

東京サマーランド

東京都あきる野市上代継600
TEL 042-558-6511
[営業時間] シーズンにより異なります
[入園料金] シーズンにより異なります
※詳細はお問い合わせ下さい

Information

稲足神社

東京都あきる野市菅生871
TEL 042-558-7776
[参拝時間] 24時間
[御朱印料] 300円
(御朱印・御守の授与8:00～17:00)
[アクセス]JR秋川駅よりバス10分、「鯉川橋」より徒歩1分
https://www.inatari.or.jp

御朱印

稲足神社と韋駄天尊神、両方の御朱印がある。両方受けていく人が多いのだそう

Pick up

Must item

韋駄天尊神のマスコットキャラクター「いだてんくん」が描かれた絵馬と絵馬型の御守「ミニ絵馬」。いだてんくんは健脚以外に子供の守り神でもある

Lovely!

ピンクとブルーのいだてんくんが可愛らしい健脚健康の御守。小さな子供にも喜ばれそう

調布の総鎮守

布《ふ》多《だ》天《てん》神《じん》社《しゃ》

＊東京／調布

一九五〇年の歴史を持つ多摩の古社

多摩地方有数の古社で、第十一代垂仁天皇《すいにんてんのう》の時代、今からおよそ一九五〇年前に創建されたと伝えられています。多摩川の洪水を避けて現在の地に遷座したのは、文明九年（一四七七）。その際に、それまでの御祭神少彦名命《すくなひこなのみこと》に菅原道真が合祀《こうし》されました。江戸時代に入り甲州街道が作られると、上石原、下石原、上布田、下布田、国領宿場が造られ、布田五宿と呼ばれるように。当時は布田五宿の総鎮守「五宿天神」と崇められ、明治時代に調布町になると、調布町総鎮守となりました。現在では一年を通して様々な祭典が行われています。

また漫画家・水木しげるの代表作「ゲゲゲの鬼太郎」は、こちらの本殿裏の森に鬼太郎が住んでいる設定となっており、「ゲゲゲの鬼太郎」の聖地として親しまれています。調布駅から続く天神通り商店街には、鬼太郎と仲間たちのモニュメントに出会うことができます。

パワースポットの「おやこけやき」に手を当て願い事をしながら廻りましょう

お参りのあとに♪

調布駅から布多天神社まで続く参道。「ゲゲゲの鬼太郎」のキャラクターを探しながら食事やお土産を買うのもおすすめ。

天神通り商店街

東京都調布市布田1丁目

Information

布多天神社

東京都調布市調布ヶ丘 1-8-1
TEL 042-489-0022
［参拝時間］ 6：00 ～ 16：30
［御朱印料］ 500 円～
(御朱印・御守の授与 9：30 ～ 16：30)
［アクセス］ 京王線調布駅より
徒歩５分
http://fudatenjin.or.jp/

御朱印

水木しげる氏の原作とコラボした疫病鎮静特別霊獣朱印は、疫病鎮静するまで頒布。上／クタベ朱印。下／アマビエ朱印

\ Pick up /

梅は縁起が良く、厳かにゆっくり花を咲かせる。紅白梅の縁結びの御守
800 円

Lovely!

Must item

様々な想いや願いを叶える、心願成就の御守
500 円

Check!

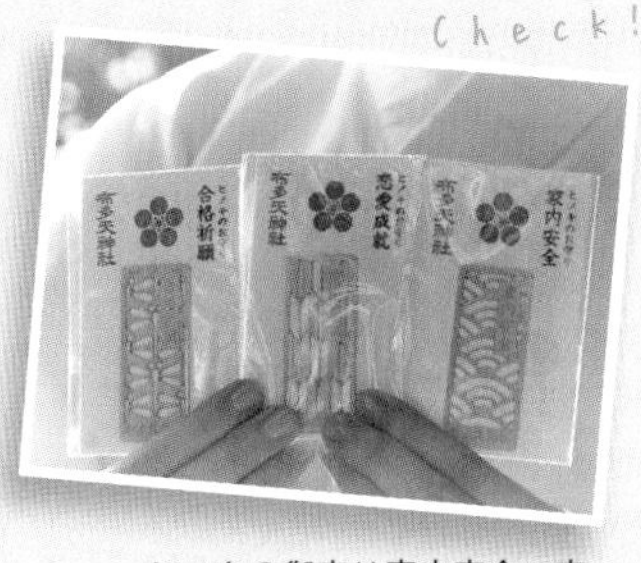

ヒノキの御守は家内安全・恋愛成就・合格祈願の三種

諏訪神社

一二〇〇年の歴史を持つ古社

＊東京／立川

立川に鎮座し この地を見守る

多摩地域の中核都市・立川は、近年はさらに再開発が進み、新たな施設が続々とオープンしています。そんな駅前の賑わいから離れ、静かな木立ちに囲まれた諏訪神社。嵯峨天皇の御代の弘仁二年（八一一）、信州諏訪大社に祀られている建《たけ》御名方神《みなかたのかみ》を立川柴崎村出口（現在の諏訪の森公園）に分祠したのが始まりです。建御名方神は、大黒様で親しまれる大国主神《おおくにぬしのみこと》の次男で武勇に富んだ神。こちらでは勝利祈願、商売繁昌のご利益があるとされています。『武蔵国風土記』や『江戸名所絵図』にも紹介されており、多くの人々の信仰を集めてきました。

　一年を通して様々なお祭りが開催されており、例年夏の立川諏訪神社例大祭では、立川市指定無形民俗文化財の獅子舞奉納や神輿渡御が賑やかに執り行われます。

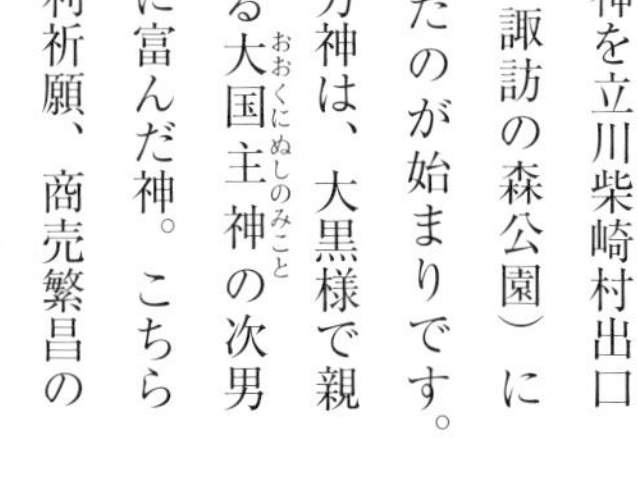

境内にある目の神様は目に
ご利益があるとされる

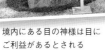

お参りのあとに♪

諏訪神社の始まりの地とされるこちらへも訪れてみましょう。もともとは神社を取り囲んでいた鎮守の森の一部で、戦後整備されました。現在では近隣住民の憩いの場として親しまれています。

諏訪の森公園

東京都立川市柴崎町１丁目

Information

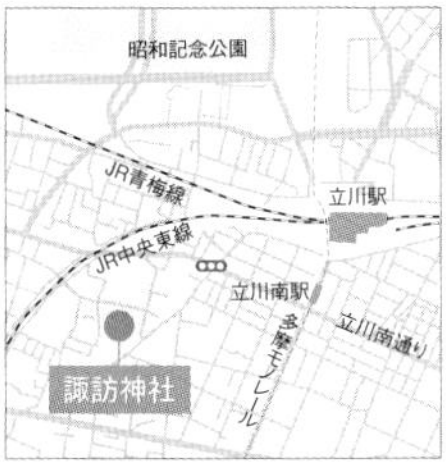

諏訪神社

東京都立川市柴崎町 1-5-15
TEL 042-522-5806
［参拝時間］ 7：00 ～ 16：30
［御朱印料］ 300 円
（御朱印・御守の授与 8：30 ～ 15：30）
［アクセス］ 立川駅より徒歩 12 分

御朱印

御朱印は社殿左手のおみくじも販売している所で授与

Pick up

Must item

目の御守はお財布や名刺入れに入れよう

何事にも勝てるように願いが込められた勝守ステッカー

Check!

厚い信仰心から建てられた

東伏見稲荷神社

＊東京／東伏見

「お稲荷様」の総本社
伏見稲荷大社を関東に

和銅四年（七一一）に創建し、全国におよそ三万社ある稲荷神社の総本社として名高い伏見稲荷大社。御祭神である宇迦御魂大神《うがのみたまのおおかみ》（稲荷大神）は「衣食住の太祖にして万民豊楽の神霊なり」と崇められ、五穀豊穣・商売繁盛・家内安全・諸願成就の神様として、人々に親しまれてきました。そして、関東地方の信仰者たちが伏見稲荷大神の協力の下、御分霊を京都より遷し、昭和四年（一九二九）に創建したのが東伏見稲荷神社です。

御祭神は、宇迦御魂大神に、佐田彦大神《さだひこのおおかみ》・大宮能売《おおみやのめの》大神《おおかみ》を加えた三柱の「東伏見稲荷大神」。佐田彦大神は海陸の道行きを守護し人々を良い方向へ導くといわれる神様。また、大宮能売大神は長寿や愛嬌、歌舞音曲の神として知られ、そのご利益にあやかって芸能の上達を願う参詣者も少なくないとのこと。本殿では神前結婚式を執り行うなど、人々の幸せに寄り添ってきた神社です。

朱塗りの鳥居が連なる様子は、
伏見稲荷大社さながら

お参りのあとに♪

東伏見駅から徒歩５分の武蔵関公園は、地域の憩いの場と親しまれている公園です。大きな瓢箪池の周りに整備された遊歩道にはベンチが置かれ、ゆっくりと寛ぐことができます。池ではボートに乗ることもできるので、カップルや親子連れで訪れても楽しめるでしょう。

武蔵関公園

東京都練馬区関町北

御朱印

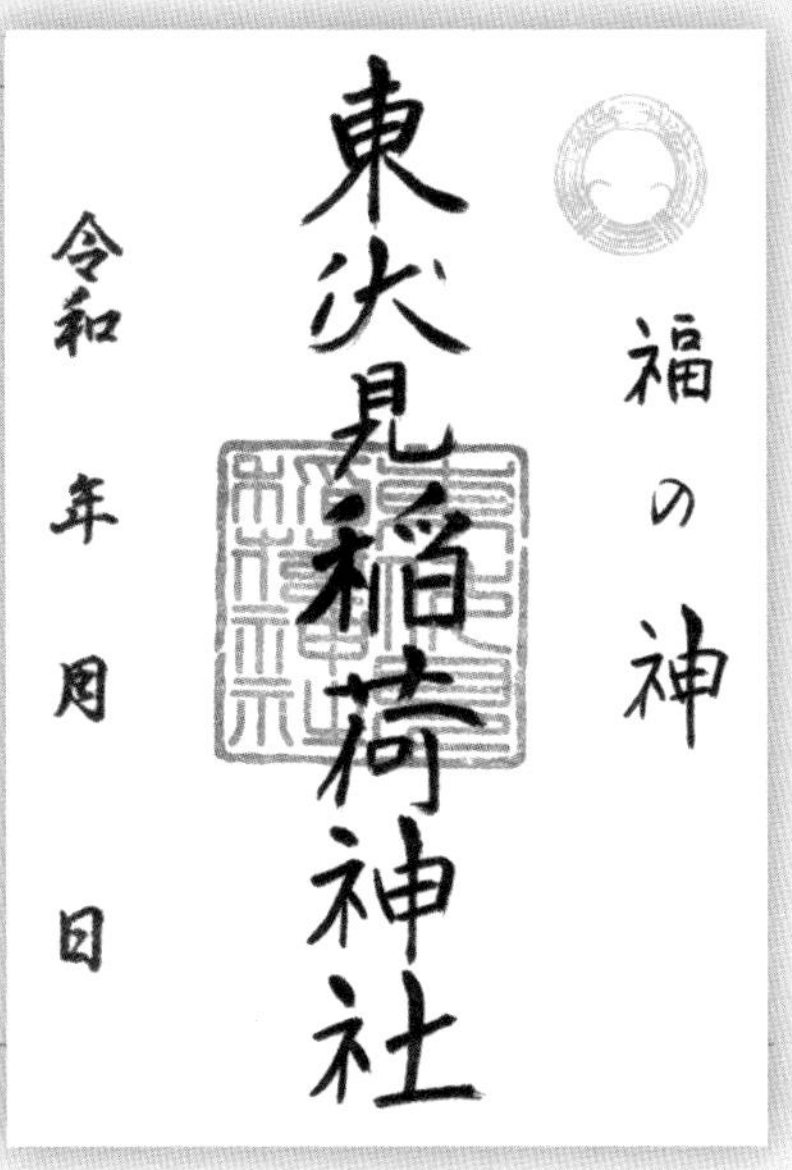

「お稲荷様」が人々の衣食住に加え、農耕を司ることから、稲穂の印が押される（常時、書置きにて対応）

\ Pick up /

Check!

幅広い世代の参拝客が求める「健康守」（1,000円）

Lovely!

交通安全と書かれた「自転車守」はサイクリストに人気（各500円）。キュートな自転車の絵柄がポイント

Information

東伏見稲荷神社

東京都西東京市東伏見 1-5-38
TEL 042-461-1125
［参拝時間］6：30 ～ 17：00
［御朱印料］500 円
（御朱印・御守の授与 9：00 ～ 17：00）
［アクセス］西武新宿線西武柳沢駅・東伏見駅より徒歩７分
http://www.higashifushimi-inari.jp

湧水と神楽の神社

穴《あな》澤《さわ》天神社

＊東京／稲城

多摩丘陵の山麓、緑に包まれた境内

江戸時代後期に編纂された地誌『新編武蔵風土記稿』によると、創建は孝安天皇四年（紀元前四二三年）と伝わる古社。主祭神は少彦名命《すくなひこなのみこと》で、元禄七年（一六九四）に新たな社殿の造営の際に菅原道真を合祀しました。境内下の崖の中腹にある洞穴が社号「穴澤」の由来で、崖からは「東京の名湧水57選」に選ばれた湧水が湧き出ています。

穴澤天神社の神職は代々、神楽「山本頼信社中」の家元も務めています。都内に現存する四つの「江戸の里神楽」（いずれも国の重要無形民俗文化財）のうちの一つで、室町時代初期に創始され、現在十九代目。神楽は穴澤天神社、大國魂神社（五六頁）、谷保天満宮（六〇頁）をはじめ、多摩川流域の約四〇カ所の神社の祭礼で奉納されています。穴澤天神社では四月十五日の氷雨祭、八月の例大祭（二五日に近い前の日曜）で奉納されるので、貴重な伝統芸能に触れてみたいですね。

境内下の崖の中腹にある弁天社。洞穴の中に入って参拝することができる

お参りのあとに♪

多摩丘陵の一角「天神山」の山麓に位置する穴澤天神社。天神山の山頂には中世に築城されたと伝わる「小沢城」の遺構（空堀、土塁、物見台、井戸など）が今なお残っています。

小沢城址

神奈川県多摩区菅仙谷 1-4

Information

穴澤天神社

東京都稲城市矢野口 3292
TEL 042-377-0055
［参拝時間］24 時間
［御朱印料］300 円
（御朱印・御守の授与 8：00 ～ 16：00）
［アクセス］京王相模原線京王よみうりランド駅より徒歩 5 分

御朱印

右下に押印されている「稲城小澤郷」は、稲城市周辺がかつて「小沢郷」と呼ばれた地域であったため

Pick up

A3 サイズほどもある特大開運御守。当初は七五三の記念撮影用に作成されたものだが、好評のため 5,000 円で授与されることに。目を引くためか、特に商売をしている人から求められるという。右下の御守（800 円）は通常サイズ

Lovely!

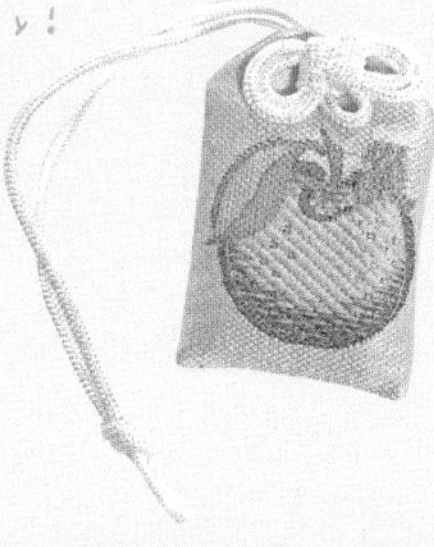

稲城市の名産「梨」にかけた「災いなしの、なし御守」（800 円）。なしは「無し」と「成し」に通じ、厄災を無くし目的や目標を成し遂げるとする御守

新田開拓の歴史と共に

小平神明宮

＊東京／小平

武蔵野の面影残す
村の鎮守の神様

青梅街道に面した鳥居をくぐると、百メートルあまりの長い参道が続きます。両脇にはケヤキ、エノキ、ムクなどの広葉樹がそびえ、厳かな空間。この辺りは江戸時代に「小川新田」として開墾された地で、現在でも青梅街道から垂直に並んだ細長い短冊状の地割が残ります。もともと火山灰の堆積した関東ローム層の台地のため、「逃げ水の里」と言われるほど水利に乏しかったのですが、人々の努力により小川村は開拓されました。神社の創建も開拓の歴史と関係が深く、明暦二年（一六五六）、開拓願いとともに神明宮勧請の願いが出されたことに遡ります。五年後の寛文元年（一六六一）に、西多摩郡殿ヶ谷村（今の瑞穂町）に鎮座する阿《あ》豆《ず》佐《さ》味《み》天神社《のあまつかみのやしろ》の摂社「神明社」から分祠遷座されました。以来三六〇年にわたり、村の鎮守として人々の暮らしを見守り続けてきた神社です。

武蔵野の面影を残す並木の参道

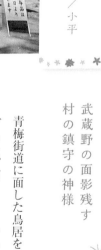

お参りのあとに♪

小平神明宮から南へ徒歩約12分。江戸時代、羽村から多摩川の水を取り入れ、全長約43kmにわたって江戸市中へ飲料水を供給していた上水道です。せせらぎの両側は緑道になっているので歩いてみましょう。

玉川上水

Information

小平神明宮

東京都小平市小川町 1-2573
TEL 042-341-0407
[参拝時間] 24 時間
[御朱印料] 500 円
(御朱印・御守の授与 9:00 〜 17:00)
[アクセス] 西武拝島線東大和市駅より徒歩 18 分

御朱印

世の平安を願い、「コロナ禍早期鎮静」の押印が（2020 年 12 月取材時）

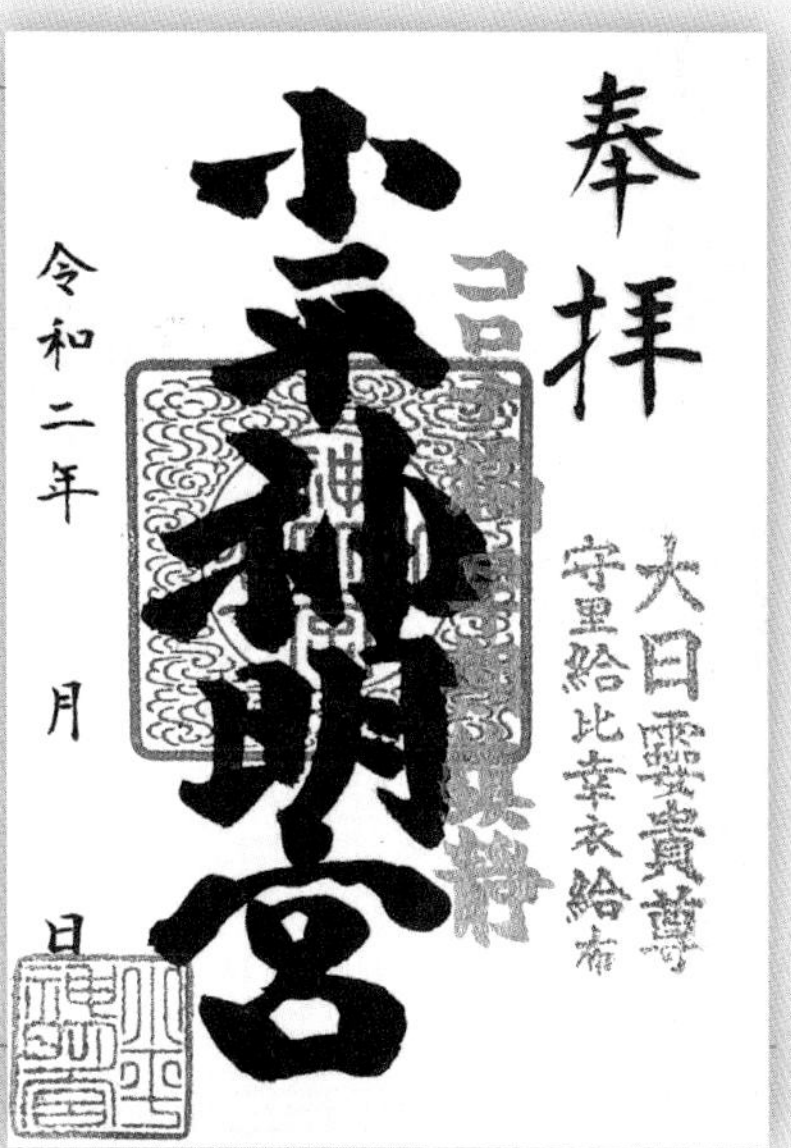

Pick up

Must item

御朱印帳の表面には社殿、裏面は参道が描かれている。1,000 円

Check!

緒願成就の「錦守」。600 円

小平神明宮の社名が記された「お守りマスク」(600 円)。マスクケース（800 円）は御朱印帳ケースとしても使えるサイズ

Lovely!

「萌え寺」として親しまれる

了法寺

＊東京／八王子

案内板で注目された現代に生きる古刹

八王子市街地の中心を走る甲州街道沿いに、「了法寺」の門は開かれています。一見するとごく普通の寺院のように見えますが、境内に一歩足を踏み入れると、ユニークな境内案内板が。萌えアニメ風キャラクターのイラストで描かれた看板で、二〇〇九年に設置されました。本堂、供養塔、稲荷堂などが親しみやすい絵柄と共に紹介されていて、設置された当時は「萌え寺」として多くのメディアに取り上げられました。

現代的な話題で注目された了法寺ですが、その歴史は古く、戦国時代の延徳元年（一四八九）年に開山されたと伝えられています。開祖は円明院日澄《えんみょういんにっちょう》上人で、日蓮宗の寺院。境内に植えられている百日紅《さるすべり》の木は江戸時代からのもので、木の周りの絵馬掛けに絵馬がかけられるようになっています。ハート形の可愛らしい絵馬に願いを書けば、思いが通じるかもしれませんね。

門前に設置された「萌え看板」

お参りのあとに♪

常設展では小島善太郎、鈴木信太郎、城所祥、清原啓子など八王子市にゆかりのある洋画家・版画家の収蔵品を展示。特別展（年６回程度）では近・現代絵画やアニメーション、グラフィックデザイン、陶芸など多彩な作品に触れられます。

八王子市夢美術館

東京都八王子市八日町 8-1
ビュータワー八王子 2F
TEL 042-621-6777
［開館時間］10：00 ～ 19：00
（入館は 18：30 まで）※変更あり
［休館日］月曜日（祝日・振替休日の場合は翌平日）・年末年始・展示替期間※変更あり

Information

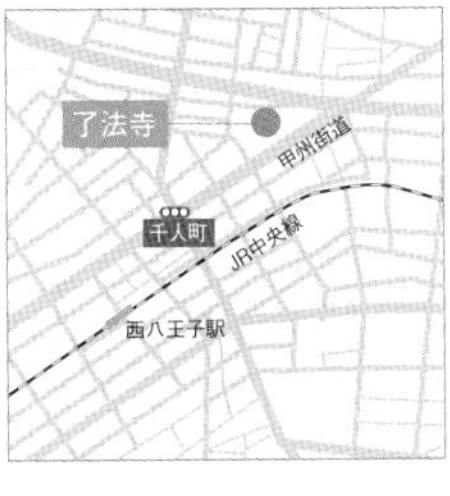

了法寺

東京都八王子市日吉町 2-1
TEL 042-626-2004
［参拝時間］9：00 ～ 17：00
［御朱印料］300 円
（御朱印・御守の授与 10：00 ～ 16：00）
［アクセス］JR 中央線西八王子駅より徒歩７分

御朱印

本尊の「妙法」、芸能の神「弁財天」の２種類

Pick up

各種のキャラクター
御守。800 円

Check!

Lovely!

キャラクターハート
絵馬。800 円

コラム・四季の観光スポット

東京市部編

春　よみうりランド

稲城市にある「よみうりランド」は遊園地でありながら、お花見スポットとしてもおすすめです。1000本もの桜が咲き、夜にはライトアップされた幻想的な夜桜が楽しめます（開催期間等はHPを参照）。遊園地ならではの観覧車やジェットコースターからのお花見は、デートにもぴったり。

東京都稲城市矢野口4015-1　TEL 044-966-1111（代表）
https://www.yomiuriland.com/

夏　高尾山ビアマウント

老若男女が登山に親しめる山として人気の高尾山。ケーブルカーで登る事6分、高尾山駅のすぐ目の前が「高尾山展望レストラン」です。毎年夏～初秋にかけてはビアガーデン「高尾山ビアマウント」に。景色を眺めながら格別の一杯を（開催時期等、詳細はHPを）。

東京都八王子市高尾町2181　TEL 042-665-9943
urban-inc.co.jp/gaishoku/

秋　奥多摩湖

小河内ダムとしても知られる奥多摩湖は、秋になると周囲の山々が色づき、その景色が湖面に映し出されます。その表情は場所によっても様々。ハイキングにぴったりの秋、奥多摩の雄大な自然とおいしい空気を味わってみては。　東京都西多摩郡奥多摩町原5番地

〈お問い合わせ先〉奥多摩町観光案内所　TEL 0428-83-2152

冬　多摩センターイルミネーション

多摩センター駅から続く大通りの、58本の楠がライトアップされます。周辺では光のトンネルやツリーなど、華やかな輝きに包まれます。期間中は点灯式やフリーマーケットなどのイベントも開催予定。

多摩センター パルテノン大通り他
http://www.tamacenter-cm.com/illumi/

神奈川エリア

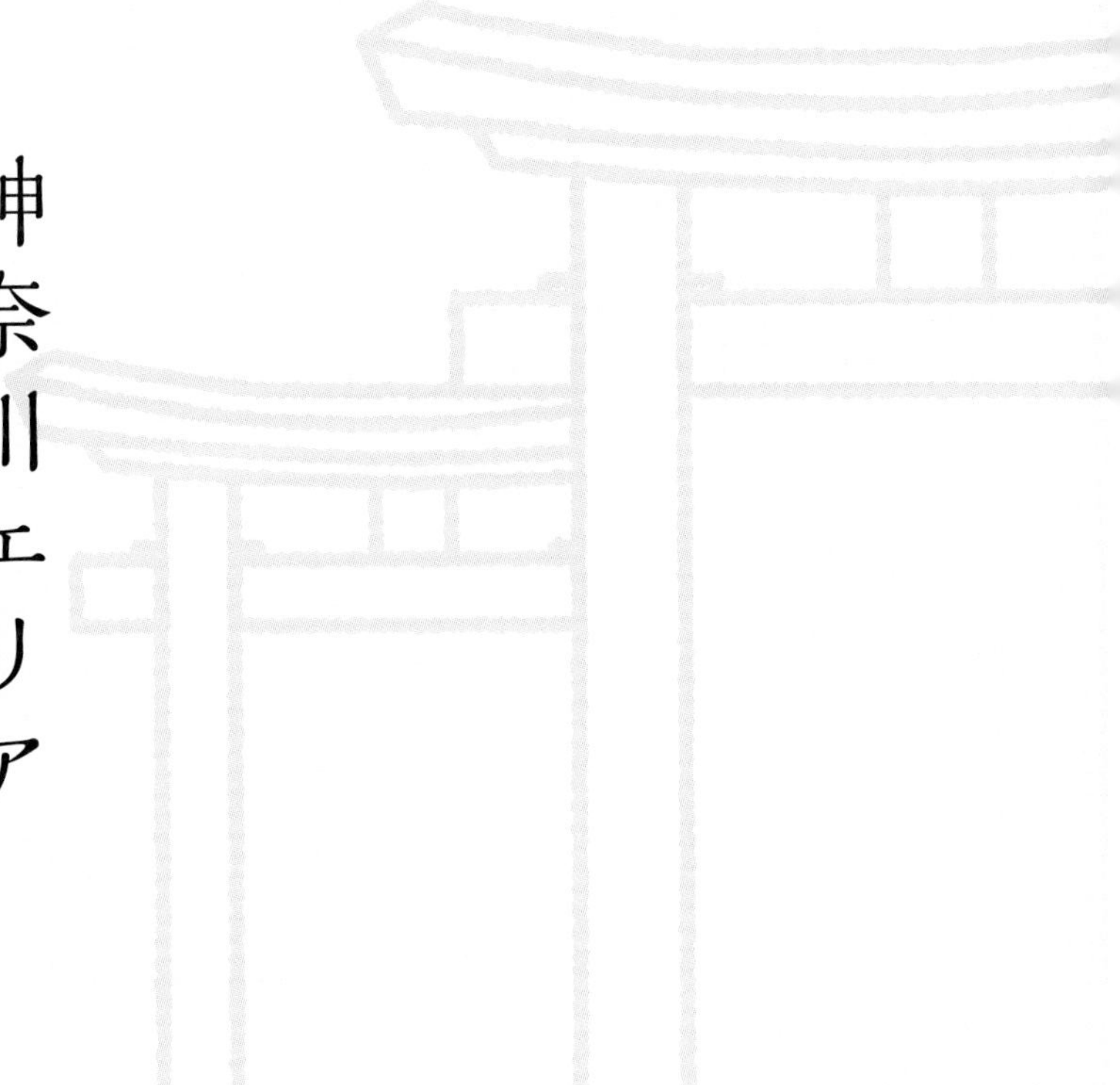

初詣、厄除けで有名な川崎大師

大本山川崎大師《だいし》平間《へいけん》寺

＊神奈川／川崎

広い境内は見どころスポットが沢山

平安時代、無実の罪を着せられた平間《ひらま》兼豊《かねとよ》・兼乗《かねのり》という武士の親子が尾張を追われ、川崎で漁師を生業として暮らしていました。四二歳の厄年に兼乗が日夜厄除けの祈願を続けていると、ある夜、夢に一人の高僧が現れお告げがありました。これに従い、翌朝海に出て、光り輝く場所から一躰の木像（弘法大師像）を引き上げました。その話を聞いた尊賢《そんけん》上人《しょうにん》が、兼乗と共に一寺を建立したのが川崎大師の由来です。以来、関東厄除けの第一霊場として善男善女の参詣が後をたちません。

昨年、平間兼乗の子ども時代をモチーフとした公式キャラクター「ひらまくん」が登場しました。平城遷都千三百年祭の「せんとくん」の作者、彫刻家の籔内《やぶうち》佐斗《さと》司《し》氏が手掛けた「ひらまくん」は、五月五日生まれの元気いっぱいの男の子。弘法大師を尊敬しているそうです。令和三年より様々なグッズが販売されているので、お参りの想い出におすすめです。

災難を除き、幸福を招く朱色に塗られた「やすらぎ橋」。好きな人と欄干の梵字二十文字を触れながら橋を往復すると結ばれると言われている

お参りのあとに♪

境内の不動堂と西解脱門の間に祀られている「しょうづかの婆さん」は、歯の痛みを癒し、健脚や容貌を美しくするご利益があります。厄除けと共にお参りしましょう。

しょうづかの婆さん

御朱印

不動堂には、成田山新勝寺御本尊不動明王の分躰が勧請（かんじょう）されている。薬師殿は薬師如来の分身、「なで薬師」があり、なでることで身体健全、病気平癒が祈念できる。写経や彩色仏画の体験も

Pick up

ひらまくんA4クリアファイル各300円

Must item

ひらまくん御朱印帳。印伝風印刷でひらまくんが描かれ、袖口の“四ツ大”が金箔押しでキラリと光るデザイン。1,300円

厄を払い福を招く「除災招福」の通り、世代・年齢・性別を問わず、様々な災いを払い幸福・幸運を招くひらまくん御守1,000円

ひらまくんステッカー各500円

Information

大本山川崎大師平間寺

神奈川県川崎市川崎区大師町4-48
TEL 044-266-3420
［参拝時間］
〈4～9月〉5:30～18:00
〈10～3月〉6:00～17:30
〈毎月20日〉～21:00
〈毎月21日〉5:30～
［御朱印］ 300円
（御朱印・御守の授与 参拝時間内）
［アクセス］ 京急大師線川崎大師駅より徒歩8分
http://www.kawasakidaishi.com

江の島全体が境内

江島《えのしま》神社

＊神奈川／藤沢

湘南の潮風を肌で感じる神社

日本三大弁財天を祀る江島神社は、人気のデートスポットとしても知られます。御祭神は天照大神《あまてらすおおみかみ》が須佐《すさ》之男命《のおのみこと》と契約された時に生まれた三姉妹の女神。奥津宮の多紀理比賣命《たぎりひめのみこと》、中津宮の市寸島比賣命《いちきしまひめのみこと》の、辺津宮《へつみや》の田寸津比賣命《たぎつひめのみこと》を江島大神と称してお祀りしています。

芸能上達、幸福、財運向上、心願成就などのご利益の他、良縁の神様としても有名で、二本の銀杏の木が交わって一つの根でつながっているご神木の「むすびの樹」には、恋愛成就を願うたくさんの絵馬が所狭しと掛けてあります。また、奥津宮近くの海に面する「龍恋《りゅうれん》の鐘」は、恋人同士で鐘を鳴らすと絆が深まると言われています。湘南の海風を感じながら参拝できる江島神社、カップルで訪れたいですね。

左／むすびの樹。恋愛成就を祈りましょう
右／龍恋の鐘

お参りのあとに♪

明治時代の英国人貿易商サムエル・コッキング氏が造成した和洋折衷の庭園跡。南洋の植物を中心に、四季折々の草花が植えられています。苑内にはカフェや江の島シーキャンドル展望灯台も。

江の島サムエル・コッキング苑

神奈川県藤沢市江の島 2-3
［開園時間］9:00～20:00（最終入場 19:30）
［入場料］
〈江の島サムエル・コッキング苑 入苑料〉
大人 200 円　小人 100 円
〈江の島シーキャンドル 昇搭料〉
大人 500 円　小人 250 円）

Information

江島神社

神奈川県藤沢市江の島 2-3-8
TEL 0466-22-4020
［参拝時間］24 時間
［御朱印料］300 円
（御朱印・御守の授与 8:30 ～ 17:00）
［アクセス］小田急線片瀬江ノ島駅より徒歩 15 分、江ノ島電鉄江ノ島駅より徒歩約 20 分、湘南モノレール湘南江の島駅より徒歩約 15 ～ 23 分
http://enoshimajinja.or.jp/

御朱印

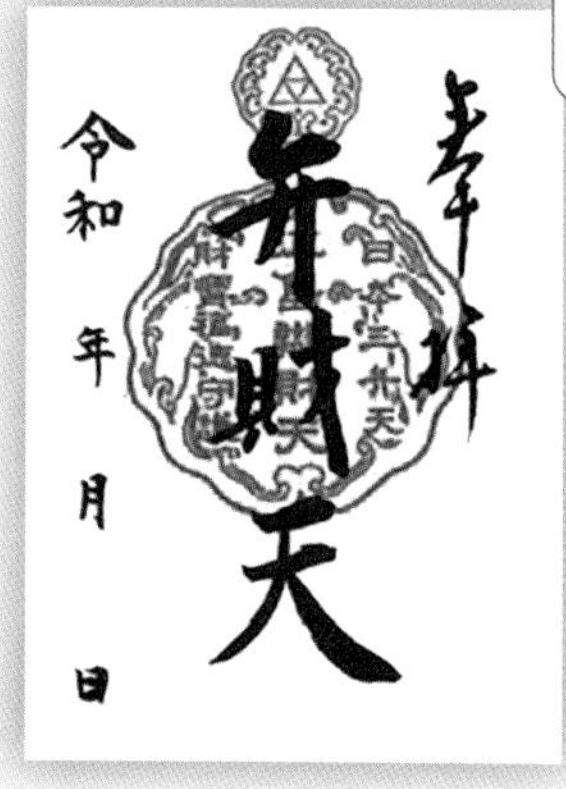

江島神社と江島弁財天の２種類。北条時政が北条家の子孫繁栄の祈願のため江の島に参籠した際に、夢の中に天女が現れ３つの龍の鱗を授けた。それが北条家の家紋となり、江島神社の紋（上の印）となっている

Pick up

Must item

大波と江の島の背景に富士を望む御朱印帳は、さすが湘南！
2,000 円

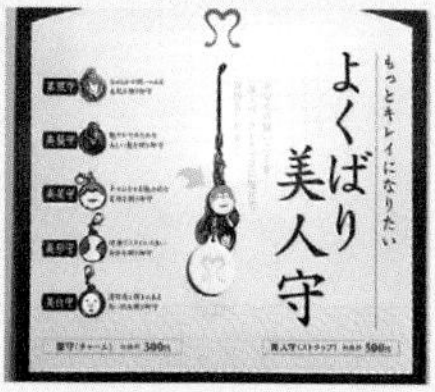

「よくばり美人守」は、「美肌」や「美髪」など、なりたい自分のチャームをストラップに掛けて身に付けよう

Lovely!

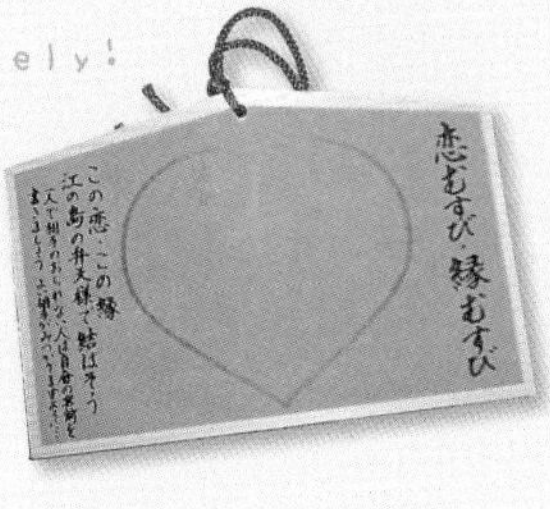

絵馬に願い事を書いて「むすびの樹」の袂に括り付けよう

箱根神社

箱根に行ったらお参りしたい

＊神奈川／箱根

一二六〇年以上の歴史ある大自然の中の古大社

お正月の箱根駅伝往路ゴール、復路スタート地点で、富士山を望める景勝地として知られる芦ノ湖。その湖畔に箱根神社は鎮ります。天平宝字《てんぴょうほうじ》元年（七五七）箱根山に入峰《にゅうぶ》修行中の万巻《まんがん》上人が、箱根大神《はこねのおおかみ》のご神託により現在地にお祀りされたのが始まりです。鎌倉時代には、源頼朝が深く箱根神社を崇敬して二所詣《にしょもうで》（箱根神社と伊豆山神社参詣）の慣わしを生み、執権・北条氏や徳川家康等の武家による崇敬《すうけい》の篤いお社として栄えました。近世は、箱根道の整備と共に庶民信仰の聖地となり、現在も開運厄除・心願成就・交通安全のご神徳で有名です。

　芦ノ湖にある平和の鳥居から本殿までは樹齢六〜八〇〇年を超える老杉の並木が聳《そび》え立ちます。本殿へ向かう長い階段を上がるまでの参道は、自然厳かで、そのパワーを全身に感じられるよう。末社の九頭龍《くずりゅう》神社は、縁結びのご神徳で知られ、多くの参拝者で賑わいます。

九頭龍神社（新宮）。開運隆盛・金運守護・商売繁盛・縁結びのご神徳が

お参りのあとに♪

箱根神社奉納品の名物「大きな幸せのお福わけ」は、神社境内にあるパワースポット「幸せの大きなかしわの木」に因んだ縁起の良い柏餅です。箱根みやげにおすすめです。

お休み処
権現からめもち

神奈川県足柄下郡
箱根町元箱根 80-1
箱根神社境内
TEL 0460-83-5122
［営業時間］10：00 ～ 17：00
無くなり次第終了

Information

箱根神社

神奈川県足柄下郡箱根町元箱根 80-1
TEL 0460-83-7123
［参拝時間］24時間
〈神門〉5:00～18:00（4～11月）
　　　6:00～17:00（12～3月）
〈駐車場〉7:00～17:00
［御朱印料］ 各 500 円
（御朱印・御守の授与 8：30 ～ 17：00）
［アクセス］ JR・小田急線小田原駅より
バス 60 分 元箱根バス停より徒歩 10 分
http://www.hakonejinja.or.jp/

御朱印

御朱印は恵比寿社・箱根神社・九頭龍神社の３種類。駐車場横、本殿へ上がる階段下のお札所で授与している

Pick up

表に本殿、裏に芦ノ湖に建つ平和の鳥居と富士山がデザインされた御朱印帳。1,500 円

Must item

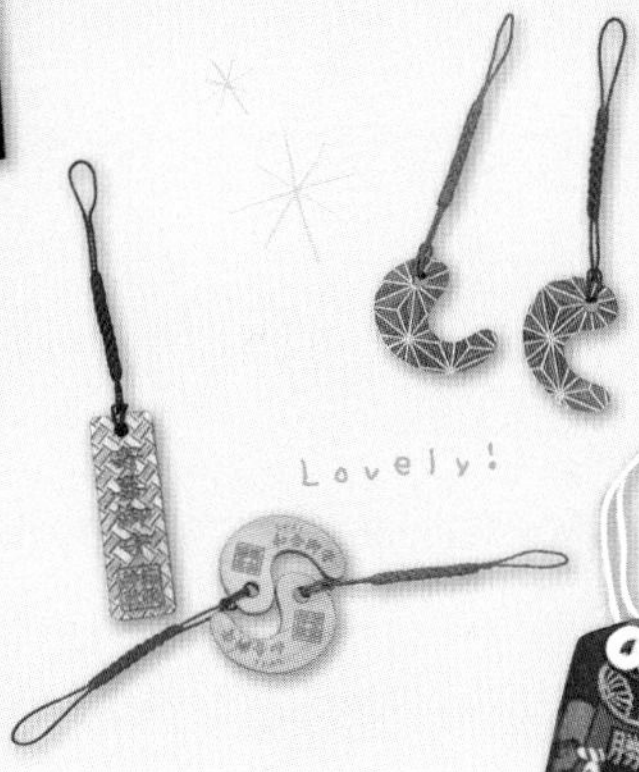

Lovely!

伝統工芸品の箱根寄木細工の御守。勾玉のデザインの「和合御守（なかよしまもり）」は二つで一つの形に。「寄喜御守（よせきまもり）」は喜びを次々に引き寄せて幸福に。
右下は人気の「勝守（かちまもり）」

長谷寺《はせでら》

四季折々の花々に囲まれて

＊神奈川／鎌倉

四季を感じ、見どころ多数の鎌倉の古寺

天平八年（七三六）創建の長谷寺は、十一面観音菩薩像（長谷観音）で有名なお寺です。境内は観音山の裾野に広がる「下境内」と、その中腹に切り開かれた「上境内」の二つに分かれており、観音堂、弁天堂、阿弥陀堂など、様々な堂宇《どうう》が建ち並んでいます。

こちらに来ると、まず「長谷寺」の文字が書かれた大きな提灯が掛かる山門が目に入ります。その脇より境内に入ると、妙智《みょうち》池と放《ほう》生《じょう》池の二つ池の周囲を散策できるように造られた回遊式庭園が広がり、一年を通して四季折々の花木が楽しめます。鎌倉の海と街並みが一望できる「見晴台」、傾斜地を利用した「眺望散策路」では、その絶景に身も心も癒されるはず。

また、般若心経や延命十句観音経の写経と、仏様の姿を描き写す写仏は写経会場で毎日行われています。申し込みをすれば気軽に体験できるのも嬉しいですね。

長谷寺の山門

お参りのあとに♪

長谷寺の境内にあるお食事処。由比ヶ浜海岸が一望できます。絶景を見ながらしっかりランチに、休憩の喫茶に利用したいですね。大吉だんご（2本350円）。

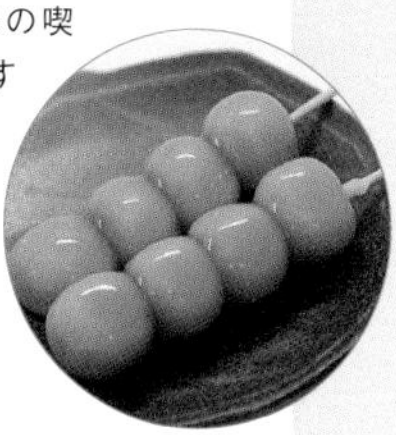

海光庵

神奈川県鎌倉市
長谷 3-11-2
長谷寺境内
TEL 0467-23-8668
［営業時間］
10：00 ～ 16：00
（食事は LO15：00）

御朱印

長谷寺では上境内の観音堂で御朱印を授かることができる

Pick up

How's cute!

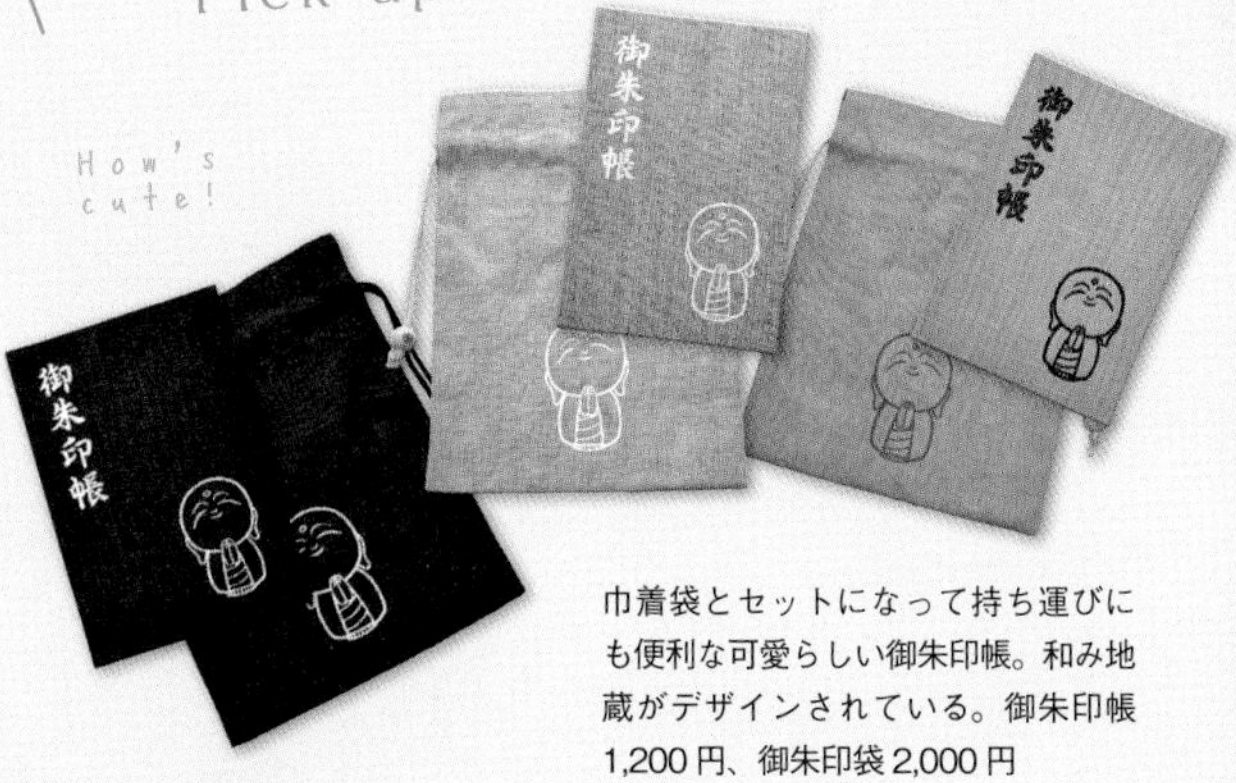

巾着袋とセットになって持ち運びにも便利な可愛らしい御朱印帳。和み地蔵がデザインされている。御朱印帳 1,200 円、御朱印袋 2,000 円

Lovely!

転倒防止・点取り虫・交通安全・開運招福の「てんとう虫守」と、「一（いち）」と「五（ご）」で 15 であることから十（10）分なご利益（5）に恵まれる「願叶う守」。その他にもかわいらしい御守が多数揃う

Information

長谷寺

神奈川県鎌倉市長谷 3-11-2
TEL 0467-22-6300
［参拝時間］ 8:00 ～ 17:00（3 ～ 9 月）、
8：00 ～ 16：30（10 ～ 2 月）
［拝観料］ 大人 400 円
［御朱印料］ 300 円
［アクセス］ 江ノ島電鉄長谷駅より徒歩 5 分
https://www.hasedera.jp/

成就《じょうじゅ》院

高台から鎌倉の町を一望

＊神奈川／鎌倉

「縁結び不動明王」でご利益アップ

ドラマや映画の撮影スポットでも知られる極楽寺。鎌倉駅から江ノ電に揺られて四番目の駅が極楽寺駅です。自然豊かな住宅街を五分ほど歩き、階段を上った頂上の右手に成就院はあります。そこは、鎌倉市街と由比ヶ浜・材木座海岸が望める絶景スポット。反対側の海の方へ続く階段は煩悩の数と同じ一〇八段あります。

創建は承久元年（一二一九年）。平安時代、弘法大師が護摩《ごま》供養を行った地に、鎌倉幕府第三代執権、北条泰時が不動明王を祀ったのが始まりです。境内の中ほどにある「縁結び不動明王」は、本堂にある御本尊の不動明王を模して造られ、現在もこちらで護摩供養を行います。近年、この「縁結び不動明王」を携帯電話の待ち受け画面にするとご利益がアップすると言われ、女性やカップルの参拝者が増えているそうです。

縁結び不動明王

お参りのあとに♪

成就院を出たら江ノ島電鉄極楽寺駅とは、反対の下り坂の方へ進んで行きましょう。住宅街を抜けた先には由比ガ浜海岸が広がり天気が良い日にはのんびりと砂浜を歩くのもおすすめ。

由比ガ浜海岸

御朱印

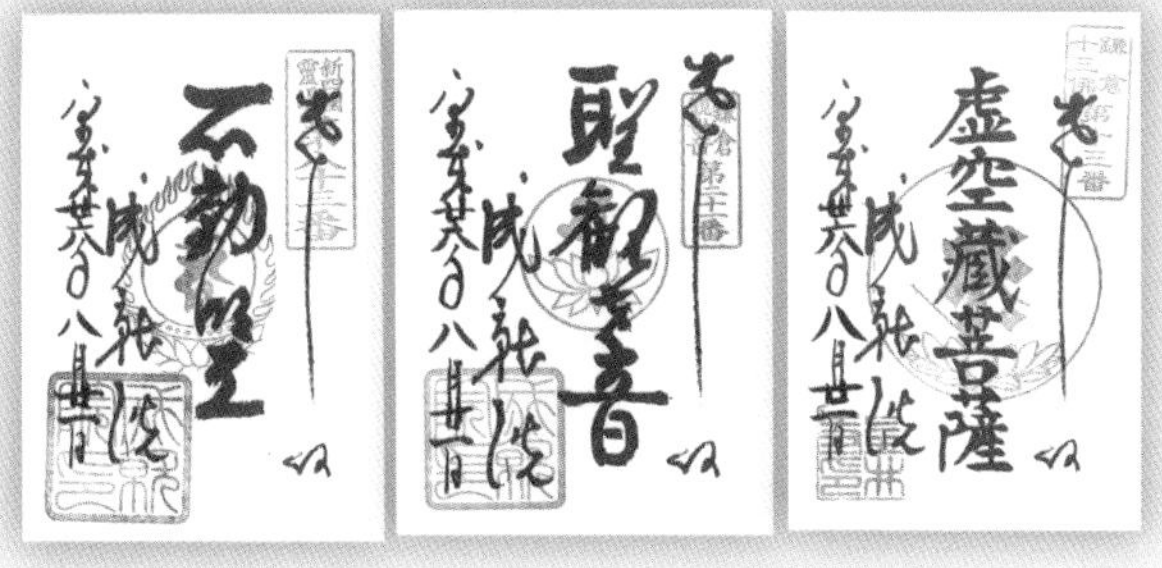

御朱印は３種類。自身の御守として大切に。山門を入って左手にある寺務所で授与される

Pick up

Check

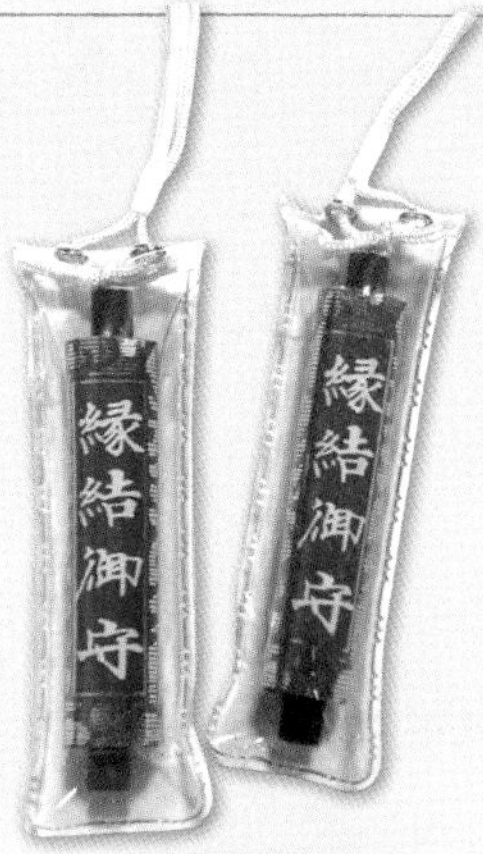

縁結御守
恋愛、結婚、仕事面でも良縁に。
500円

Must item

身を守ってくれる肌守りは、自身の干支のものを。300円

「開運厄除お守り」は携帯電話に貼ってクリーナーとしても使えるのが嬉しい。300円

Information

成就院

神奈川県鎌倉市極楽寺 1-1-5
TEL 0467-22-3401
[参拝時間] 8：00 ～ 17：00
[御朱印料] 300 円
[アクセス] 江ノ島電鉄線
極楽寺駅より徒歩５分
jojuin.com

安養院《あんよういん》

北条政子が建立した寺

＊神奈川／鎌倉

鎌倉の町を美しく彩るつつじ

鎌倉幕府を開いた源頼朝。頼朝と北条政子が大恋愛の末に夫婦になったことは有名な話ですね。その政子が亡き頼朝を弔い嘉禄《かろく》元年（一二二五年）、佐々目ヶ谷に長楽寺を創建しました。その後の鎌倉時代末期、この地にあった善導寺の跡地に移り、政子の法名を取って安養院となりました。しかし延宝八年（一六八〇年）に安養院は全焼してしまいます。そこで、かつて頼朝に仕えていた田代信綱が建立した田代寺の観音堂を移して「祇園山安養院田代寺」、通称「安養院」となりました。

五月には、つつじが見事に咲き誇る鎌倉の名所としても知られます。山門をくぐり樹齢七百年の大きな槙《まき》の巨木を左手に本堂へ進みます。お参りを済ませた後、本堂の裏手へ進むと政子の墓があります。強い愛情で結ばれていた頼朝と政子。政子由来のこちらでお参りすれば縁結びのご利益がありそうですね。

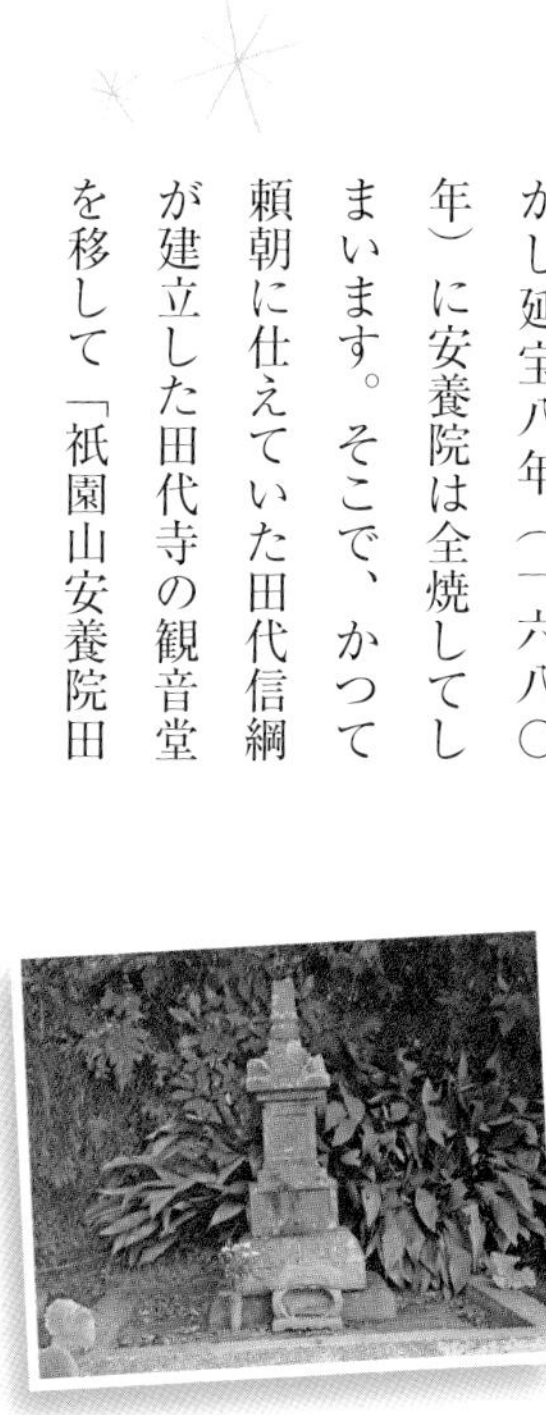

本堂の裏手にある北条政子の墓

お参りのあとに♪

鎌倉駅東口にある小町通は、ランチやスイーツ、雑貨までたくさんの店がひしめき合う観光スポット。鎌倉のお土産選びもこちらで。

鎌倉小町通
鎌倉駅東口

御朱印

複雑な印は仏法僧宝。三宝(仏·法·僧)を指し、仏様の教えを大切にするという事。山門をくぐり、右手の寺務所で授与される

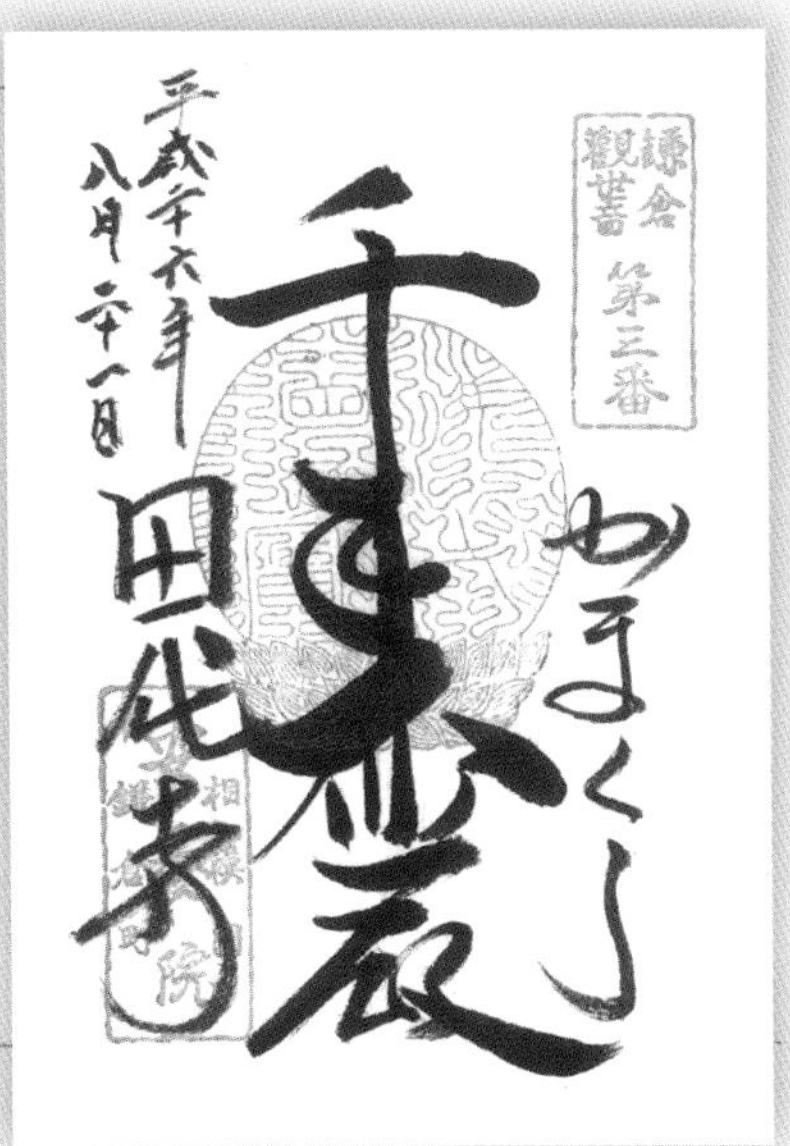

Pick up

千手観音と縁結びの御守

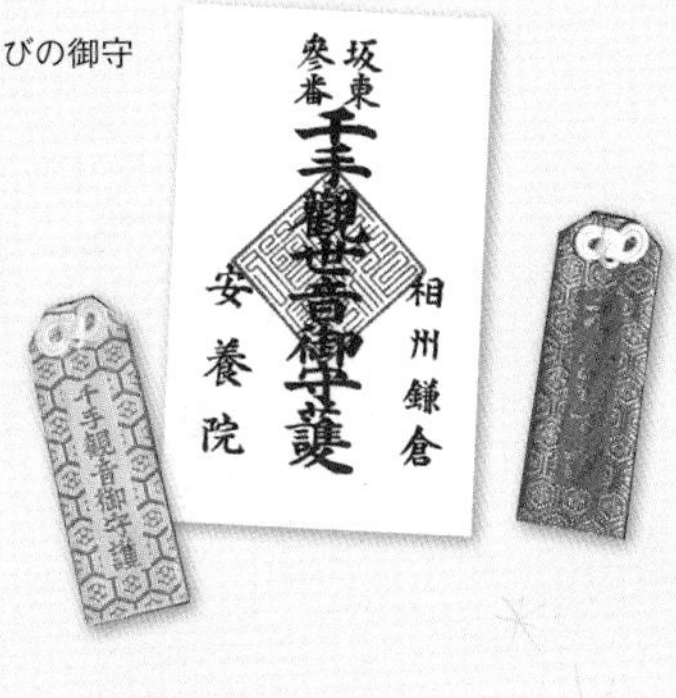

Lovely!

縁起が良いとされる「なすび」の開運厄除け御守

Must item

山門左手脇にある石造地蔵菩薩像は、日を限ったその期間、一心に願掛けする「日限地蔵」。絵馬に願い事を書いて奉納を

Information

安養院

神奈川県鎌倉市大町 3-1-22
TEL 0467-22-0806
［参拝時間］8：00 ～ 16：30
［御朱印料］300 円
（御朱印・御守の授与 8：00 ～16：30）
［アクセス］JR・江ノ島電鉄
鎌倉駅より徒歩 15 分

自然のパワーを一身に感じる

葛原岡神社《くずはらおか》

＊神奈川／鎌倉

緑深い山道を登った先にある神社

後醍醐《ごだいご》天皇の忠臣として鎌倉幕府倒幕で活躍した日野俊基《としもと》をお祀りする神社です。俊基は文章博士《もんじょうはかせ》として優れた能力を発揮したことから「学問の神様」としても知られます。神社は鎌倉源氏山公園の中にあり、北鎌倉駅から三〇分、鎌倉駅からは坂道を上って三五分。ハイキングコース途中の緑深い山の頂上付近に位置します。

近年は縁結びでも親しまれる葛原岡神社。社務所で「御守」を受けると御縁糸（五円のついた赤い糸）をいただけます。石鳥居をくぐると左手に「縁結び石」があり、そのしめ縄に願いを込めて御縁糸を結びましょう。縁結び石の背後には願いごとが書かれた「縁結び絵馬」が所狭しと掛かっています。お礼参りの折鶴もたくさん。自然豊かな山のパワーを感じながら山道を踏みしめれば、ご利益もありそうですね。

縁結び石には男石と女石がある

お参りのあとに♪

葛原岡神社がある源氏山は、自然に囲まれ緑豊か。源頼朝像や大小の広場があり、春には桜、秋には紅葉が楽しめます。 長谷の大仏へ抜けるハイキングコースもあり、歩きやすい靴がおすすめ。

源氏山公園

鎌倉市扇ガ谷 4-7-1

Information

葛原岡神社

神奈川県鎌倉市梶原 5-9-1
TEL 0467-45-9002
[参拝時間] 8：30 ～ 16：30
[御朱印料] 300 円
[アクセス]JR・江ノ島電鉄鎌倉駅より徒歩 35 分、北鎌倉駅より葛原岡ハイキングコース徒歩 30 分
http://www.kuzuharaoka.jp

御朱印

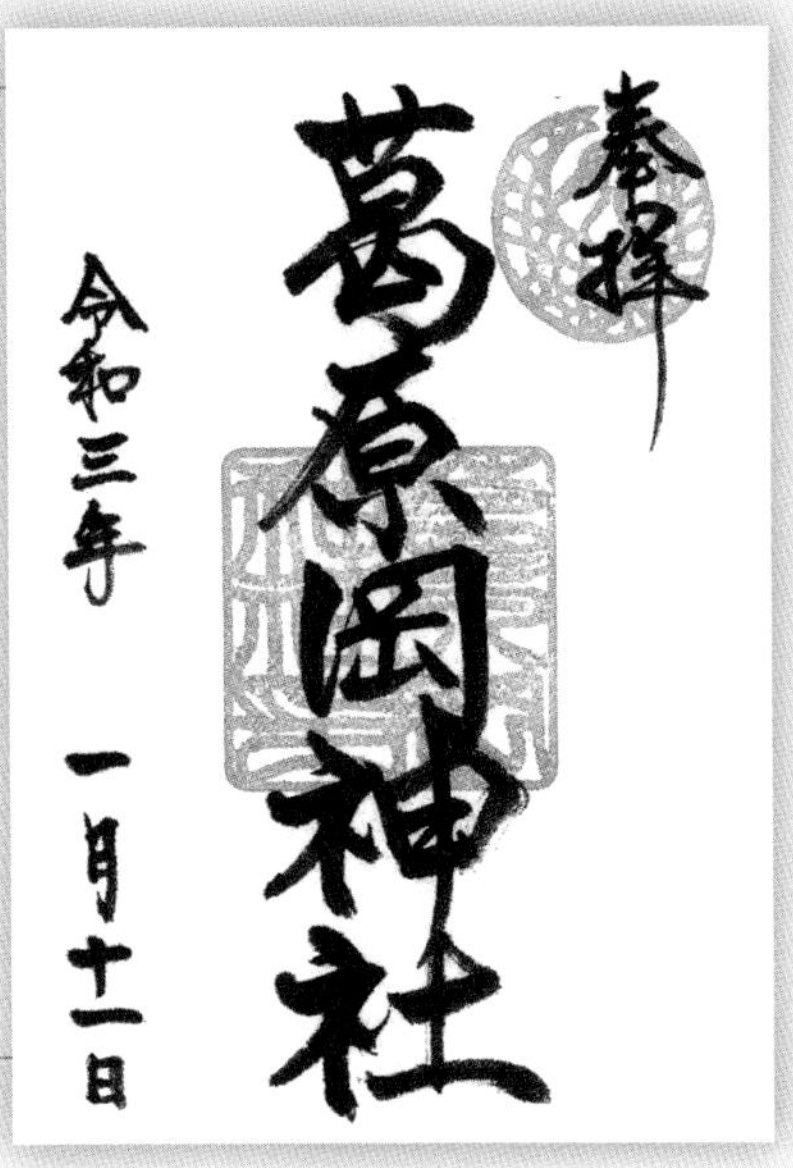

石鳥居左手横の社務所にていただける御朱印

Pick up

オリジナルの御朱印帳は無いが、和紙でできた品の良い御朱印帳が常時 20 種類程用意されている。数ある中からお気に入りの御朱印帳が見付かるはず！
1,000～2,000円

Must item

Lovely!

職人が一つ一つ手作りした桜貝の御守は、鎌倉海岸産の貴重な二枚揃った二枚貝。貝が見つからない時期は品切れの場合もある

金運アップを願って

銭洗弁財天宇賀福《うがふく》神社

＊神奈川／鎌倉

鎌倉で親しまれる源頼朝由来の神社

老若男女でいつも賑わう鎌倉の銭洗弁財天。鎌倉源氏山の中腹に位置し、崖を切り開いたトンネルを進んだ奥に境内があります。本宮隣の洞窟には鎌倉五名水の一つに数えられる湧き水があり、その水でお金を洗うと何倍にもなって、お金が返ってくると言われています。

巳《み》年に当たる文治元年（一一八五）巳の月巳の日、一人の老人が源頼朝の夢枕に現れ「西北の仙境に湧き出している水を使って神仏を供養すれば、国内は平和になる」と告げました。頼朝が湧き水を探し出し、神様をお祀りしたのが銭洗弁財天の始まりです。

まずは、お線香とロウソク（一〇〇円）を買って本宮にお参りしましょう。宇賀神と弁財天が祀られる洞窟（奥宮）に入るとたくさんのザルが用意されています。そのザルにお金を入れて柄杓《ひしゃく》で水をかけます。洗ったお金は大切にとっておかないで、使うと何倍にもなって戻ってくるとか。

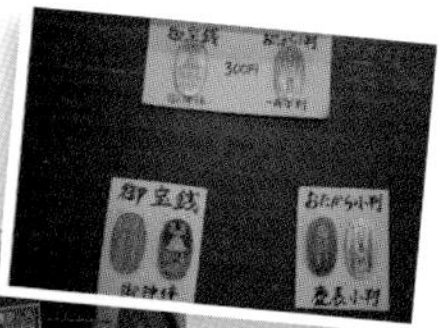

小判型の御守を財布に入れると「お金に不自由しない」ご利益が。300円

お参りのあとに♪

1190年、源頼朝の命によって建立された佐助稲荷。恋愛成就のご利益もあり銭洗弁財天と一緒にお参りしたい。

佐助稲荷でも御朱印を授与される。300円

佐助稲荷神社

神奈川県鎌倉市
佐助2-22-10

Information

銭洗弁財天宇賀福神社

神奈川県鎌倉市佐助2-25-16
TEL 0467-25-1081
[参拝時間] 8:00～16:30
[御朱印料] 300円
[アクセス] JR・江ノ島電鉄
鎌倉駅より徒歩25分

御朱印

北条家の家紋三つ鱗の印が押される

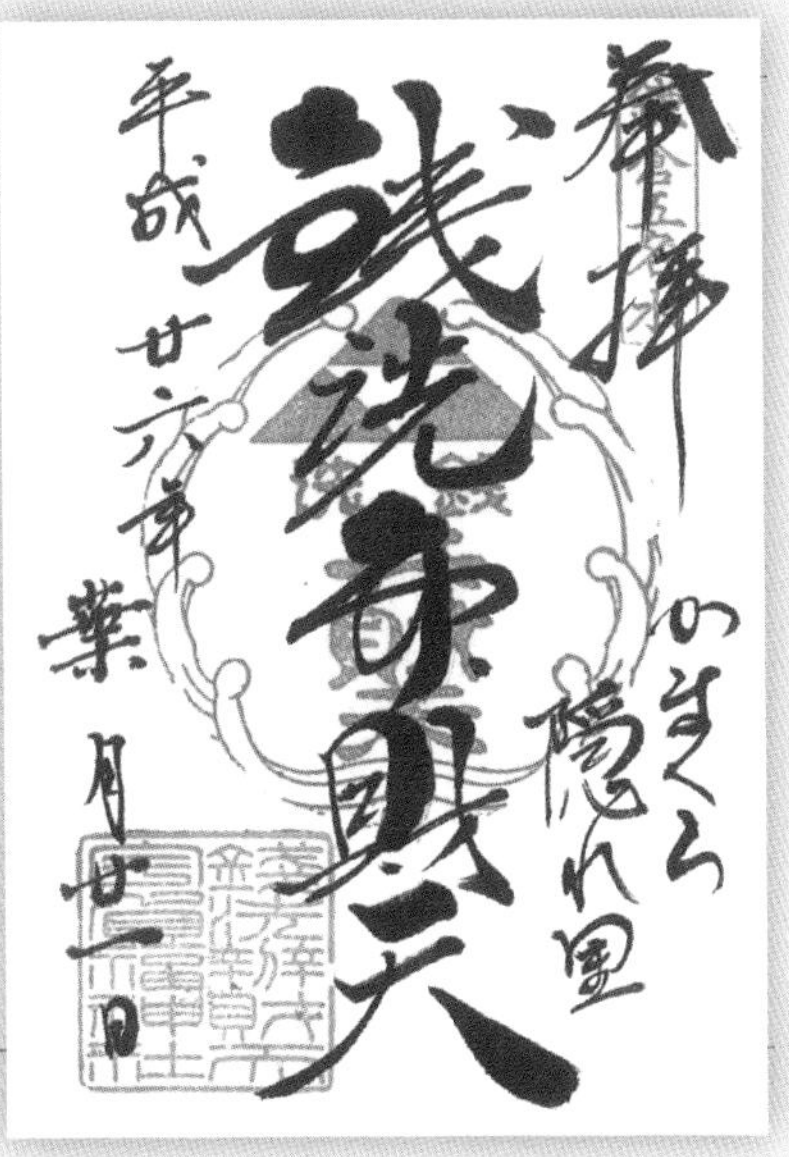

Pick up

Must item

こちらも、三つ鱗がデザインされた御朱印帳。1,200円

Lovely!

幸運の銭亀は財や幸運を運ぶ。銭亀は取り出さずに金庫や通帳の引き出しに入れて。1,000円

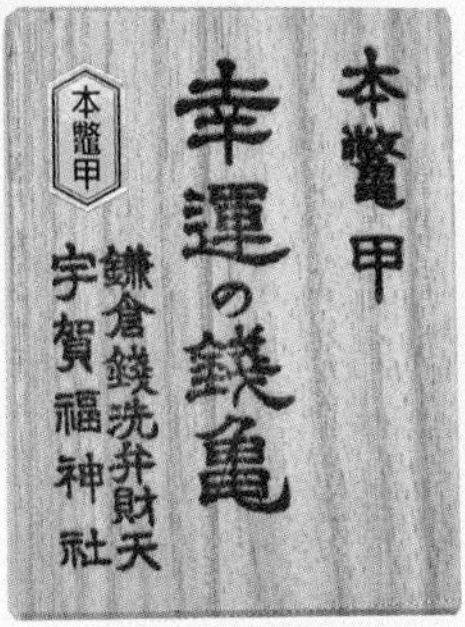

コラム・四季の観光スポット　神奈川編

春　三溪園

175,000㎡に及ぶ園内には重要文化財10棟・横浜市指定有形文化財3棟などの歴史的に価値の高い建造物が配置されています。明治39年（1906）に実業家で茶人の原三溪によって公開された園内には、四季折々の花々が咲き誇ります。

神奈川県横浜市中区本牧三之谷58-1
TEL 045-621-0634
9：00～17：00（入園は16：30まで）
大人（高校生以上）700円　こども（小・中学生）200円

湘南の海　夏

夏の湘南海水浴場は、多くの海の家が建ち並びます。海水浴ではなくランチやディナーに訪れる人もいるほど海の家も多種多様。花火大会も開催されます。ひと夏に一度は相模湾を眺めながらのシーバカンスを楽しみたいですね。　写真提供：鎌倉市観光協会

秋　横浜中華街

秋は上海蟹のシーズンですね。横浜中華街では毎年恒例の上海蟹フェアが行われます。実施各店舗において上海蟹のメニューを展開。様々な調理法の上海蟹をご堪能あれ。また、中華街にある横濱媽祖廟（よこはままそびょう）は良縁成就のご利益があります。

写真提供：横浜中華街発展会協同組合

箱根温泉　冬

東京から公共交通機関を利用すればわずか1時間半で行ける箱根。温泉の湧出量は1日に22,000トンもあり、温泉場が20箇所あります。空気が澄んだ冬に絶景の冠雪富士を眺め、自然豊かな景色を背景に温泉に浸かれば心身ともに癒されます。

埼玉エリア

運命の赤い糸をたぐり寄せる

川越氷川《ひかわ》神社

＊埼玉／川越

ご家族の神様を祀る「縁結びの神社」

素盞鳴《すさのお》尊《のみこと》と奇稲田姫《くしいなだのひめ》命《のみこと》は手を取り合って苦難を乗り越えた末に夫婦となった神様です。その子といわれる出雲大社の縁結びの神様である大己貴《おおなむち》命《のみこと》など五柱の神々を祀る川越氷川神社。夫婦や家庭の円満、安産など、家族の繋がり全てにご利益のある神社です。人の縁を結ぶ赤い糸を大切にしている神社ということもあり、良縁を願う参拝者が後を絶ちません。

結婚式では、「結《ゆ》い紐の儀」が独自の儀式として行われます。お互いの左手の小指に結い紐を結い合わせ、絆をより固く結びます。

また、「境内の玉砂利を持ち帰り大切にすると良縁に恵まれる」言い伝えがあり、現在では巫女が奉製し、神職がお祓いをした「縁結び玉」を毎朝八時より二〇体限定で頒布しています。早起きして訪れるのが良さそうです。

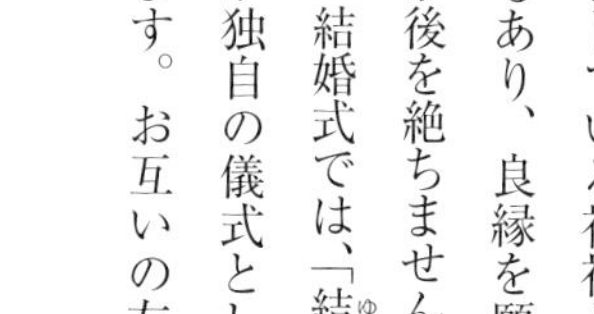

夏には風鈴の涼やかな音が響く。下は釣るのが楽しい「あい鯛みくじ」

お参りのあとに♪

ベンチに座り、糸の端に指をつけて撮ると赤い糸で結ばれているような写真が撮れます。絵馬のイラストも描いてくださっているイラストレーターの大塚いちおさんの作品です。

赤いベンチ

川越氷川神社境内

Information

川越氷川神社

埼玉県川越市宮下町 2-11-3
TEL 049-224-0589
［参拝時間］24 時間
［御朱印料］500 円程
（御朱印・御守の授与 8：00 ～ 18：00）
［アクセス］JR・東武東上線川越市駅よりバス 15 分、西武新宿線本川越駅よりバス 12 分
http://www.kawagoehikawa.jp/

御朱印

「川越總鎮守」の文字と、大きな印が印象的な御朱印

Pick up

女性に人気の御朱印帳は持つのが嬉しくなる華やかなデザイン。明るい柄が運気を呼んでくれそう。1,500 円

Lovely!

一日 20 体限定の縁結び玉。朝 8 時の時点で、すでに 30 人くらい行列ができている事もあるそう

Must item

絵馬が結びつけられている境内の一角。たくさんの絵馬が結びつけられて、まるでトンネルのよう

三本足の八咫烏が待つ

川越熊野神社

＊埼玉／川越

勝利に導いてくれる 八《や》咫《た》烏《がらす》のご利益に触れる

こちらの神社は天正十八年（一五九〇）に紀州熊野本宮大社から分祀されました。全国に「熊野神社」は約三千社、川越市内だけでも四社ありますが、市内で神主が常駐しているのはこちらだけだそうです。

熊野神社のシンボルで、神の使いともされている八咫烏は、人を勝利に導く力を持っていると言われています。そのため、試験や仕事、告白やプロポーズなど、人生の大勝負に臨む前に参拝に訪れる方もいるそうです。八咫烏は日本サッカー協会のマスコットでもあるので、日本代表メンバーのユニフォームにも描かれています。

お参りの他にも、手相や算命学、気学などを修めた指南士による開運アドバイスや、自分の健康状態が分かる「足踏み健康ロード」、運勢を占える輪投げなど、楽しみながらご神徳に触れられるようになっています。境内にある銭洗弁天にもお参りすれば、お金についての心配も洗われるでしょう。

「神恩感謝」「開運」「縁結び」の玉から一つを選び、両手を乗せて祈ると八咫烏様からの一言を授かれるという「むすひの庭」

お参りのあとに♪

懐かしい駄菓子屋が並ぶ「菓子屋横丁」。まるで昭和にタイムスリップしたかのような町並みは、川越の名所の一つです。

菓子屋横丁

埼玉県川越市
元町２丁目

御朱印

鮮やかな絵柄が描かれた御朱印は、四季それぞれのデザインを用意

\ Pick up /

八咫烏をかたどった「八咫烏御守みくじ」（黒・金）各800円

Lovely!

Check!

運試しの輪投げや足踏み健康ロードなど、楽しみたいポイントが境内には点在している

Information

川越熊野神社

埼玉県川越市連雀町 17-1
TEL 049-225-4975
［参拝時間］24 時間
［御朱印料］500 円～
（御朱印・御守の授与　平日 9：30 ～ 17：00、土・日・祝 9：00 ～ 17：00）
［アクセス］西武新宿線本川越駅より徒歩約７分
https://kawagoekumano.jp/

大イチョウが見守る

川越八幡宮

＊埼玉／川越

縁結びの象徴であるイチョウの木

　全国におよそ一万五千社もある八幡宮は、日本で最も多い神社。学問や勝負事の神として知られる八幡様は、もともと安産の神でもあります。今から約一千年前に創祀され、川越の歴代城主に篤く信仰されてきました。境内で目を惹くのが、ご神木である大きなイチョウの木。天皇陛下がお生まれになった昭和八年十二月二三日に植えられ、当初は男イチョウと女イチョウ、二本の木でしたが、いつの間にか寄り添うように一本に結ばれ夫婦イチョウと呼ばれるようになりました。また、二〇一〇年頃、子供のような新たな幹が誕生しました。ご神木に触れて手を合わせると、良縁に巡り合うと言われています。

　こちらでは少し珍しい催し、全国縁結び研究会が主催する「神社コン」を行っています。日本古来の恋のお話を聞いた後は懇親会。年に三回行われ、毎回良縁を真剣に望む男女が集まるそうです。

神社を守るようにそびえる
大イチョウ

お参りのあとに♪

川越八幡宮門前の八幡通り沿いには、イタリアンレストランや隠れ家のようなカフェバー、ベーグル屋など、おしゃれなお店が並びます。着付けのできる美容院もあるので、川越の風情あふれる街を浴衣や着物で歩くのも粋ですね。

八幡通り

御朱印

八幡宮の御神鳥である鳩の印が押された御朱印。ちなみに、鎌倉銘菓の鳩サブレも鶴岡八幡宮の御神鳥をモチーフにしたものだそう

Information

川越八幡宮

埼玉県川越市南通町 19-1
TEL 049-222-1396
[参拝時間] 9：00 ～ 17：00
[御朱印料] 300 円
（御朱印・御守の授与 9：00 ～ 17：00）
[アクセス] JR・東武東上線川越駅より徒歩５分、西武新宿線本川越駅より徒歩７分
http://kawagoe-hachimangu.net

Pick up

Check!

川越八幡宮創建1000年事業の一環として、令和２年に市内から境内へと遷座された川越三峯神社。運気上昇・家内安全・商売繁盛・良縁の神様として崇められている

Lovely!

大イチョウの間から新たに生まれた「乳（気根）」。まるで子供が生まれたみたいだと評判を呼んでいる。右は子宝の御守

古社の風格が漂う

氷川女《にょ》體《たい》神社

＊埼玉／東浦和

江戸時代から変わらぬ姿を今もとどめる

「三室《みむろ》の氷川神社」と呼ばれるこちらは、二千年以上の歴史を持ち、江戸時代には将軍家も参拝したという由緒正しい神社です。あの徳川家康も参拝したそうです。

ここに来たらぜひ注目したいのが、その外観。四百年前の姿がそのまま保存され、古社としての風格が漂っています。家康が参拝した頃と同じ姿を今も見ることができる、全国的にもとても珍しい神社です。

また、日本全国探しても、こちらにしかない「巫女《みこ》人形」も見どころの一つ。願いを一つだけ叶えてくれるこの人形には、少し変わった約束があります。願いが叶ったら服を着せてあげ、神社にお返しするのです。境内にはこちらに戻ってきた人形がたくさん飾られていて、一つ一つ違う手作りの服が持ち主に大切にされてきたことを伝えています。叶えられる願いごとがたった一つなのは、「多くを欲張ってはいけないから」とのことです。

たくさんの巫女人形。それぞれの着物がきれい

お参りのあとに♪

神社の目の前にある見沼氷川公園は、芝生や緑の美しい公園です。園内にはハーブ園もあり、参拝の後にこちらでのんびりするのも良いでしょう。案山子の像が立っているため、地元の人からは「かかし公園」と呼ばれているそうです。

見沼氷川公園

埼玉県さいたま市緑区
大字見沼

Information

氷川女體神社

埼玉県さいたま市緑区宮本 2-17-1
TEL 048-874-6054
[参拝時間] 24 時間
[御朱印料] 300 円～
(御朱印・御守の授与 9:00～16:00)
[アクセス] JR東浦和駅よりバス10分、「宮本1丁目」より徒歩8分
http://www.stib.jp/info/data/nyotai.html

御朱印

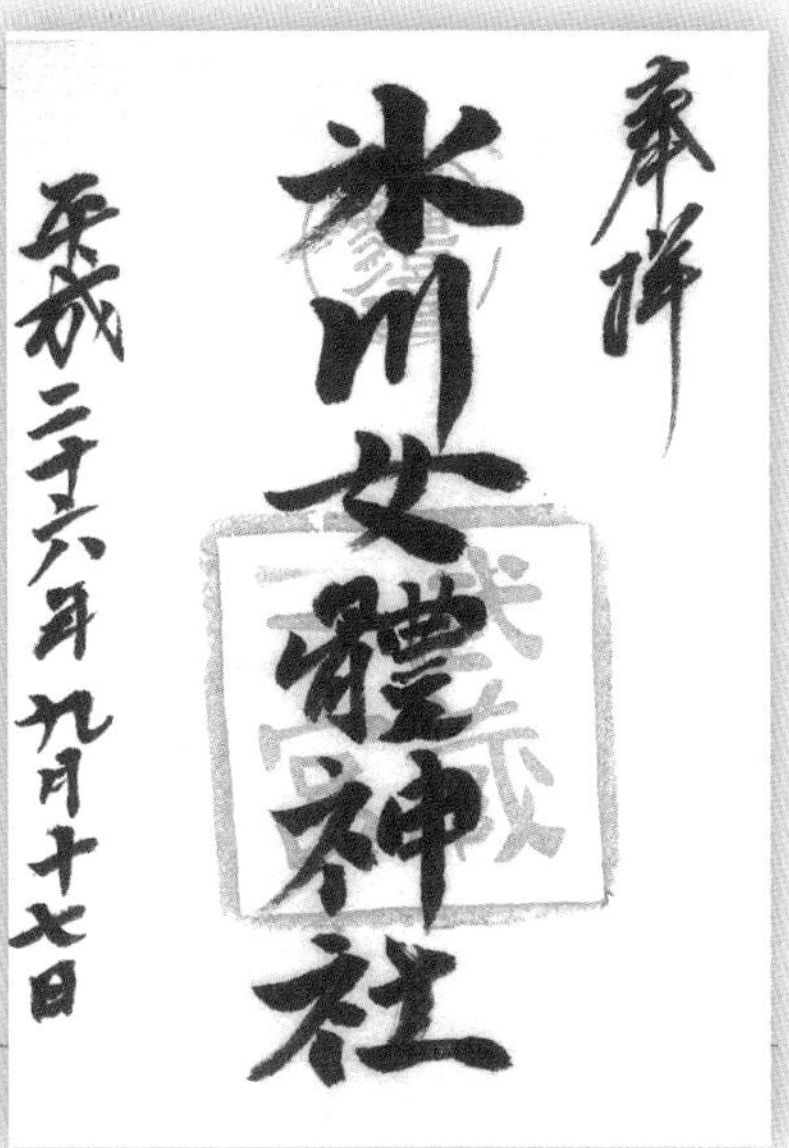

武蔵国（現在の埼玉県）で最も位の高い神社の一つであった氷川女體神社。「武蔵一宮」の印が押されている

Pick up

様々な素材の布や折り紙など、それぞれの衣装をまとった巫女人形。持ち主の元で大切に保管され、神社に帰ってきた人形は、どんな願いを叶えたのだろう

Lovely!

Check!

どことなく熊の横顔に見えると、テレビ番組にも取り上げられたというご神木。「当初は細長かったため、神社に祀られている龍になるのかと思っていたら、だんだんと丸くなり熊になった」と宮司さん

緑豊かな参道の向こうに

武蔵一宮 氷川《ひかわ》神社

＊埼玉／大宮

「大宮」の由来になった由緒正しい古社

現在、東京都・埼玉県・神奈川県に約二八〇社ほどある、氷川神社の総本社であり、その歴史は二千四百年前、第五代孝昭天皇の時代にまで遡ります。「大いなる宮居」と称えられ、さいたま市大宮区の地名の由来ともなった、関東地方指折りの古社です。須佐《すさ》之男命《のおのみこと》・稲田姫命《いなだひめのみこと》の夫婦神と、その子である大己貴《おおなむち》命《のみこと》を祀っており、縁結びを祈願する女性の参拝者の姿も多くみられます。お参りのあとには、現在も神池に注ぐ湧水の出る蛇の池や夫婦楠など巡ってみてはいかがでしょう。

最寄り駅は大宮駅ですが、一の鳥居のあるさいたま新都心駅の近くから続く、緑豊かな参道もこちらの見どころ。直線の参道としては日本一の長さで、一の鳥居から三の鳥居まで約二キロメートルにわたって、四季折々の木々の変化や鳥のさえずりが道行く人を楽しませています。疲れたらベンチで休み、木々の息吹を感じながら、ゆっくりと歩くのもいいかもしれませんね。

憩いの散歩コースにもなっている参道

お参りのあとに♪

二の鳥居近くにある清水園では、氷川神社に伝わるおもてなし料理を現代風にアレンジした「氷川御膳」や、口伝で受け継がれてきたスパイスレシピを使った「100年カレー」を楽しめます。

清水園
「ブラッスリー シャトレー」

埼玉県さいたま市
大宮区東町2-204
TEL 048-643-1234
[営業時間]
〈月～土〉10:00～22:00(LO20:00)
〈日・祝〉10:00～21:00(LO20:00)

御朱印

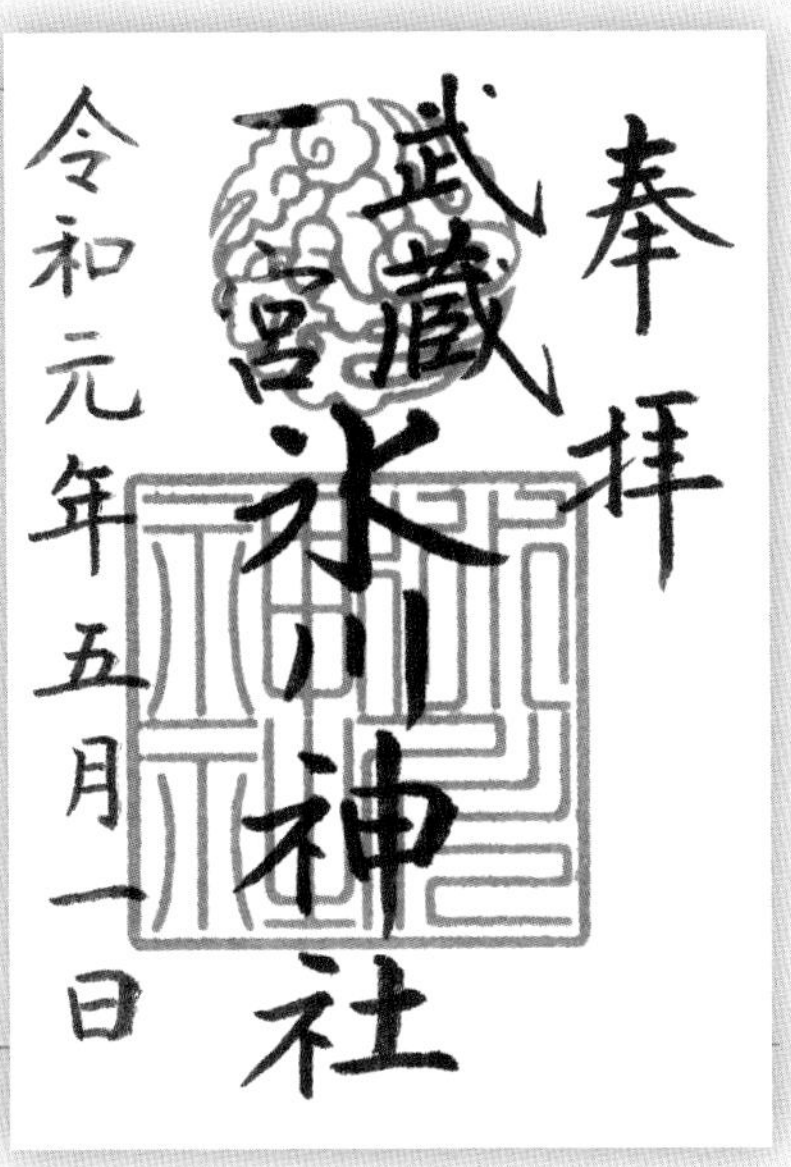

上の印は、神紋八雲。須佐之男命が須賀の宮を営んだ時に、御殿の周りを取り囲むように七重、八重に表れた瑞雲を形どっている

Information

武蔵一宮 氷川神社

埼玉県さいたま市大宮区
高鼻町1-407
TEL 048-641-0137
[参拝時間] 6:00～17:00
[御朱印料] 500円
(御朱印・御守の授与8:30～16:30)
[アクセス]JR大宮駅より徒歩20分、東武アーバンパークライン北大宮駅より徒歩15分
http://musashiichinomiya-hikawa.or.jp/

\ Pick up /

御朱印帳にも描かれている楼門。この門をくぐると、本殿や大楠が現れる

かわいらしい形の「開運守」と良縁を願う女性に人気の「幸守」

Must item

境内の神池に架かった橋から、楼門を眺めた風景が描かれた御朱印帳。1,500円(御朱印料込)

マタニティヨガが教室も開催

越《こし》谷《がや》香《か》取《とり》神社

＊埼玉／越谷

縁結びや子授け・安産
女性の参拝客も多い

今から約四〇〇年前に建てられたこちらの神社の主祭神は、経《ふ》津《つ》主《ぬしの》大神《おおかみ》（伊《い》波《わ》比《い》主《ぬしの》命《みこと》）。刀を「フッ」と振り下ろした音から生まれたという神様で、古くから勝負事の神様として信仰されてきました。その他にも、菅原道真や市《いち》杵《き》島《しま》姫《ひめの》神《かみ》など、全部で十四柱の神様をお祀りし、日常生活のあらゆる場面においてご利益をいただけるありがたい神社です。

縁結びのご神徳を持つとされる伊《い》邪《ざ》那《な》岐《ぎ》命《のみこと》・伊《い》邪《ざ》那《な》美《み》命《のみこと》の夫婦神や、子授けや安産の神様である木花《このはな》開《さく》耶《や》姫《ひめの》命《みこと》もお祀りしているので、女性の参拝者が多いのもうなづけます。

毎月第三金曜に開催される「神社でままマルシェ」は、育児中のママ達の息抜きや情報交換の場として好評です。その他、マタニティヨガなども親しまれています。月次《つきなみ》祭（毎月一日）や七夕祭、観月祭など行事も多く、「行事を通じ、昔のように子供が境内で遊んでいるような、楽しくて身近な場所になれたら」と禰宜《ねぎ》さんは語ります。

北越谷駅から徒歩３分。町に溶け込むように建っている

お参りのあとに♪

越谷香取神社と北越谷駅を挟んで反対側に流れている元荒川。川沿いには約 2km にわたりおよそ 350 本のソメイヨシノが植えられ、春には美しい桜並木を見せてくれます。川沿いに整備された遊歩道をのんびりと歩いてはいかがでしょう。

元荒川堤

埼玉県越谷市北越谷

御朱印

太く堂々とした墨跡が印象的な御朱印。亀の印は境内で亀を飼っていることに由来。寒さが苦手なので、4～9月末頃までしか見られないそう

Pick up

Lovely!

色とりどりの三つ巴の紋が描かれたオリジナルの御朱印帳　1,500 円

祈りながら撫でると、安産のご利益があるという「子授け・安産の石」。近くには「力石」も

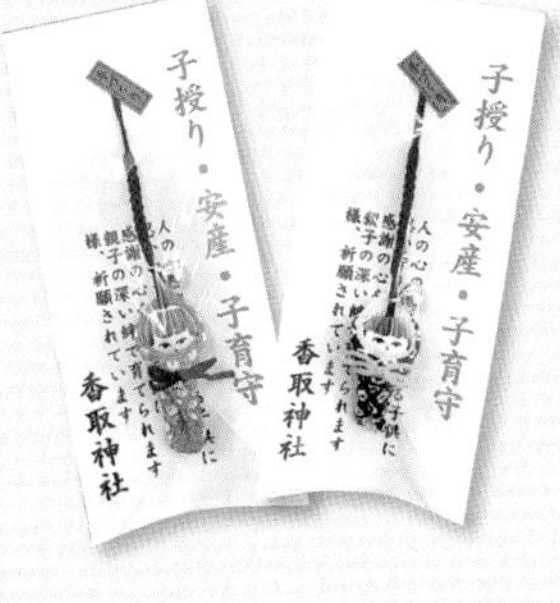

Check!

子授かりや安産、子育ての御守も

Information

越谷香取神社

埼玉県越谷市大沢 3-13-38
TEL 048-975-7824
［参拝時間］24 時間
［御朱印料］300 円
（御朱印・御守の授与 9：00 ～ 17：00）
［アクセス］東武スカイツリーライン
北越谷駅より徒歩 3 分
http://katorijinja.com/

絢爛豪華な本殿にも注目

妻沼《めぬま》 聖天山《しょうでんざん》 歓《かん》喜《ぎ》院《いん》

＊埼玉／熊谷

建立当時の姿となった縁結びのお寺

治承三年（一一七九）に創建され、日光東照宮に似ていることから「埼玉日光」とも呼ばれるこちらのお寺は、日本三大聖天さまの一つ「妻沼聖天」として多くの参拝者に愛されています。聖天さまは、弘法大師が中国よりお招きして以来、縁結びの神様として信仰されてきました。境内にも、種類の異なる二つの木がまるで夫婦のように寄り添っている「夫婦の木」が、縁結びのご神木として祀られています。

　こちらを訪れたらぜひ注目したいのが、本殿の歓喜院聖天堂です。安永八年（一七七九）に四四年の月日をかけて完成したお堂は、艶やかな姿で人々の目を惹きつけましたが、長い時を経るうちにその鮮やかさが失われていきました。しかし、八年間の「平成の大修理」を経て、平成二三年に建立当時の姿を取り戻し、埼玉県内の建造物として初めて国宝に指定されたという経緯があります。二三〇年以上昔の姿を現在も見られるのは嬉しいですね。

ケヤキとエノキ。異なる木が寄り添う「夫婦の木」

お参りのあとに♪

妻沼で寿司と言えば、長さ10センチ以上もあるいなり寿司のこと。妻沼に来たら一度は味わっておきたい名物です。

聖天寿し

埼玉県熊谷市
妻沼1515
TEL 048-588-0162
［営業時間］
9:00～売切れまで(昼すぎ)
［定休日］月曜日

御朱印

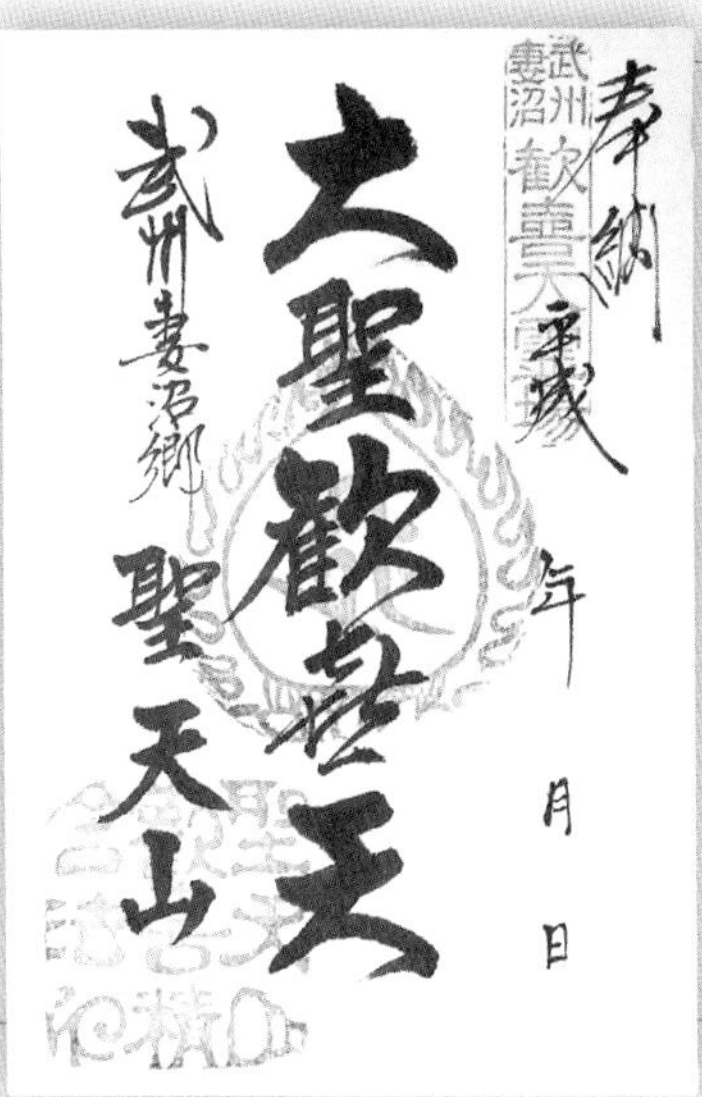

「武州妻沼郷 聖天山」の文字が日本三大聖天様の一つであることを表している

Pick up

艶やかな姿を取り戻した、大修理後の聖天堂が描かれた御朱印帳。国宝にも選ばれた本殿が堂々と建つ。1,500円

Must item

様々な色で装飾が施されている本殿。龍や鷲、猿などの精密な彫刻も見逃せない

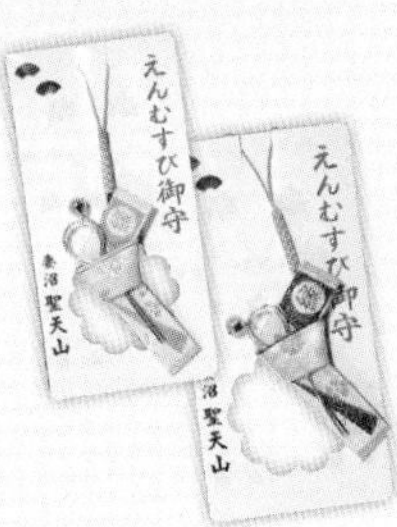

Lovely!

良いご縁を聖天さまからいただけそうな「えんむすび御守」

Information

妻沼 聖天山 歓喜院

埼玉県熊谷市妻沼1627
TEL 048-588-1644
［参拝時間］24時間
(国宝拝観は9:30～16:00)
［御朱印料］300円
(御朱印・御守の授与9:00～16:30)
［アクセス］JR熊谷駅よりバス25分
http://www.ksky.ne.jp/~shouden/

秩父地方のパワースポット

秩父今宮神社

＊埼玉／秩父

八大龍王の眠る大ケヤキは必見

神の住む山と言われる武甲山の麓にあり、その山からの伏流水が境内を流れる秩父今宮神社は、パワースポットとして知られています。

毎年たくさんの参拝者が訪れますが、中でも良縁を願う女性の姿が多いようです。それは、伊邪那岐《いざなぎ》命《のみこと》と伊邪那美《いざなみ》命《のみこと》の夫婦神の他に、互いに想い合う龍神さまと弁天さまも祀られているからでしょう。暴れ者だった龍神は、恋い焦がれた弁天様のために心を入れ替え、善神となりました。そして八大龍王という立派な神様をこの地に招く礎を築きました。

御神木である樹齢千年を超える大ケヤキには、初夏になるとフクロウが飛来し、パートナーを見つけ、樹洞で子育てをします。また、武甲山からの伏流水を、清めの聖水として持ち帰ることができ、こちらも人気を集めています。

境内に池や滝を作る
武甲山の伏流水

お参りのあとに♪

秩父今宮神社から徒歩６分。黒門通には、かつて秩父織物の問屋が軒を連ねていました。現在も、昭和初期に造られた建物が残り、中には国の登録有形文化財に指定されているものも。まるで昭和時代にタイムスリップしたかのような気分を味わえます。

黒門通り

埼玉県秩父市馬場町

御朱印

「雨かんむりに龍」と書いた文字は、龍神のお姿をあらわしたもの。一粒万倍日には特別に金文字で書いている。こちらでは計６種の御朱印を授与している

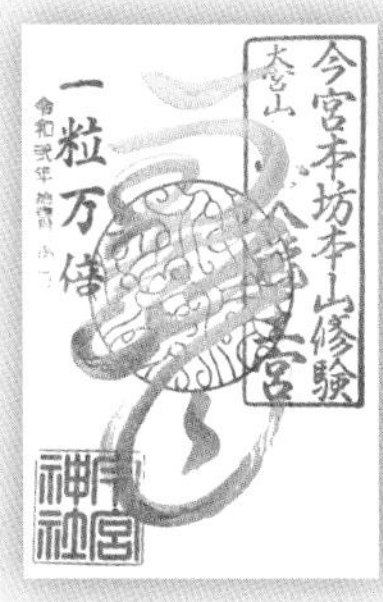

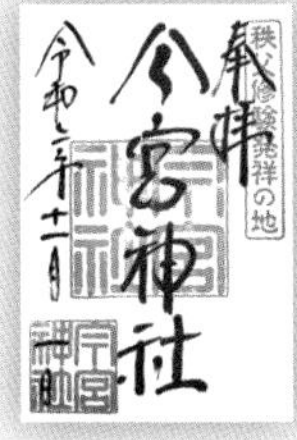

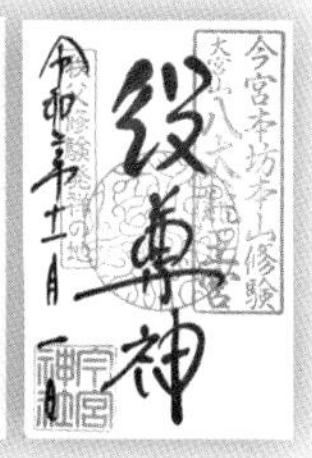

Pick up

写真上は「三体守」。八大龍王・聖観音菩薩・役行者の三柱の神様が一つの袋に重ねられている。財布に忍ばせておくとご利益があるという。下は、女性に人気の「美守り」

Must item Check!

神社のご神体である樹齢1000年を超える大ケヤキ「龍神木」。大地に大きく根を張ったその姿が、八大龍王の力強さを想像させる

Information

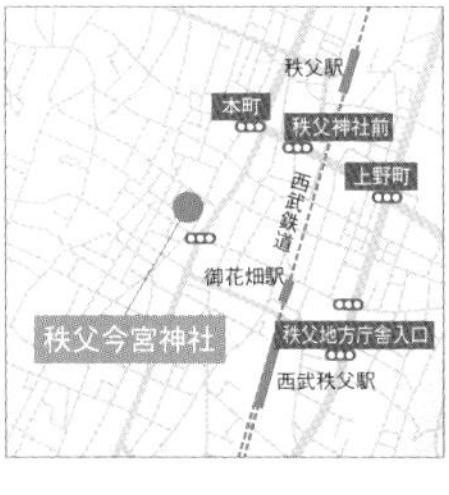

秩父今宮神社

埼玉県秩父市中町 16-10
TEL 0494-22-3386
［参拝時間］ 9：00 ～ 17：00
［御朱印料］ 500 円
（御朱印・御守の授与 9：00 ～ 17：00）
［アクセス］ 西武秩父駅より徒歩10分
http://www.imamiyajinja.jp/

コラム・四季の観光スポット

埼玉編

春　権現堂《ごんげんどう》桜堤

約1000本のソメイヨシノがおよそ1kmにわたって咲き誇る桜の名所です。頭上に咲くピンク色の桜と、足下の堤沿いに咲く菜の花の黄色が、見る人に春の訪れを感じさせます。梅雨どきの紫陽花、初秋の曼珠沙華《まんじゅしゃげ》、冬の水仙などもきれいです。　3月下旬～4月上旬　※開花の状況により期間が前後致します。2021年は中止。 会場：県営権現堂公園

権現堂公園管理事務所 TEL 0480-44-0873

幸手市観光協会 TEL 0480-43-1111(幸手市役所 商工観光課内)

夏　久喜提燈祭り「天王様」

久喜提燈祭りは八雲神社の祭礼で、230年余の歴史と伝統を誇る祭りです。昼は人形を乗せた山車で、夜は四面に約500個の提灯をつけた7台の山車で町内を曳き廻します。毎年、曜日に関係なく7月12日・18日に開催されます。

久喜市観光協会　TEL 0480-21-8632

秋　月の石もみじ公園

荒川の川下りで知られる渓谷の町・長瀞随一の紅葉が楽しめるスポット。毎年11月上旬から下旬の紅葉シーズンには、夜間のライトアップが行われます。川沿いの遊歩道は、地域の名所「長瀞岩畳」や「秩父赤壁」まで続いています。

(一社) 長瀞町観光協会　TEL 0494-66-3311

冬　三十槌《みそつち》の氷柱《つらら》

切り立った山の岩肌から染み出した石清水が凍って作り上げる氷の芸術です。見頃は寒さの最も厳しい１月中旬から２月中旬。この時期に開催される「大滝氷まつり」期間中には夜間のライトアップが行われ、幻想的な光景が広がります。

※開催期間はつららの状態によって毎年異なります。

秩父観光協会大滝支部　TEL 0494-55-0707

東京周辺ご朱印めぐり旅 乙女の寺社案内

千葉エリア

お星様に願いを

千葉神社

＊千葉／千葉

星の神様をお祀りする、日本でもめずらしい神社

夜、北の空で輝く北極星は、たくさんの星の中で唯一つ動くことなく、その周りを他の星々がめぐります。星の運行の中心にある北極星は、人間の星（＝運命）を司る「北辰妙見尊星王《ほくしんみょうけんそんじょうおう》（妙見さま）」の化身として古くから信仰されてきました。妙見さまを祀る千葉神社には、男女の星を結びつけるご利益があるとして、日本全国から多くの方々が縁結び祈願や結婚式のために訪れています。

また、悪い星を除《よ》け善い星へ導く厄除開運のご利益や、方角に関わる災難をよける八方除《はっぽうよけ》のご利益もあるとされています。転居や旅行等を予定されている方は訪れてみてはいかがでしょう。

境内には、妙見さまの力を八つの方角・干支・体の部分に分けて祀っている「尊星殿《そんじょうでん》」や、隣り合う「ねがい橋」「かない橋」「御力石」など見どころが多く、一度は訪れてみたい神社です。

まずは「ねがい橋」を渡り、帰りに「かない橋」を渡るのが良いとされている

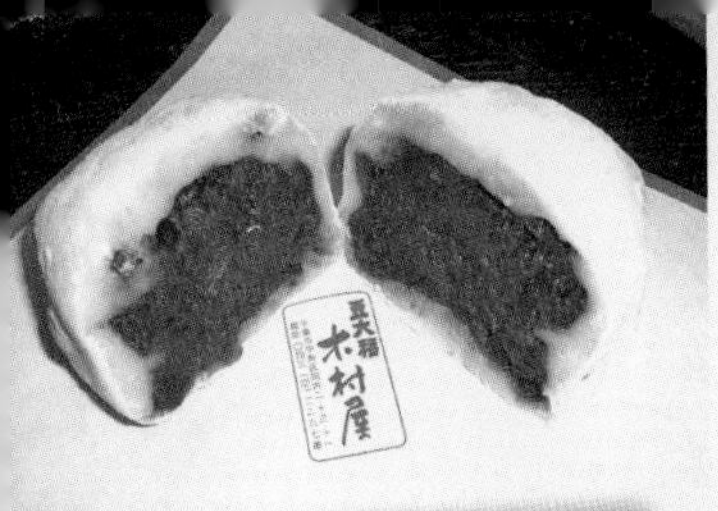

お参りのあとに♪

もち米のみを使用した皮と自家製のあんを使った豆大福が看板メニュー（216円）。その人気は「豆大福の木村屋」と言われるほどです。千葉神社の斜向かいにあり、参拝者からも愛されています。

木村屋本店

千葉県千葉市中央区
院内 2-13-11
千葉神社向かい
TEL 043-222-2297
［営業時間］
8：00 ～大体 16：00（売り切れまで）
［定休日］日曜日

御朱印

全国の妙見様を祀る総本宮ゆえに「妙見本宮」となる。印は、千葉氏の家紋でもある三光紋と十曜紋を合わせたもの

\ Pick up /

ひときわ輝く北極星と天の川が描かれた御朱印帳。落ち着いた中にも華やかさのあるデザインだ。1,500 円

Lovely!

Must item

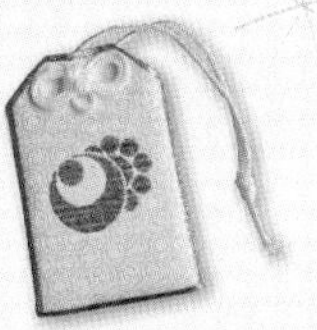

御守には三光紋（星、月、太陽が重なった紋）と十曜紋（じゅうようもん）が描かれている。2つの紋は千葉周辺を治めていた千葉氏の家紋でもある。十曜紋は中央の大星と周りの九つの星が特徴。下は、貝の御守。本物の貝が使われているため、一つ一つ形や大きさが異なる

Information

千葉神社

千葉県千葉市中央区院内 1-16-1
TEL 043-224-2211
［参拝時間］6：00 ～ 18：00
［御朱印料］300 円
（御朱印・御守の授与 9：00 ～ 17：00）
［アクセス］
JR・京成千葉駅より徒歩12分
http://www.chibajinja.com

八角形のお宮それぞれにご利益のある尊星殿。左右の柱はそれぞれ太陽・月の加護を受けており、月の浄化する力、太陽の育む力を得られる

四本の神木の霊気が溢れる

大原神社

＊千葉／実籾

創建から九百年
今なお変わらぬ産土様

アカガシとクロマツ、そして夫婦のタブノキ。「習志野名木百選」に選ばれた四本の名木がシンボルとして愛されているのが、大原神社です。創建はおよそ九百年前の天治元年（一一二四）のこと。当初は実籾《みもみ》本郷に創建されましたが、その後文禄元年（一五九二）に御成街道が整備されるに伴い現在の地に移りました。

御祭神は、国生み神話で知られる伊奘諾尊《いざなぎのみこと》・伊弉冉《いざなみの》尊《みこと》の男女神と、一説には天狗の原型とも言われる導きの神・猿《さる》田《た》彦命《ひこのみこと》。前者は縁結び・延命長寿・安産子育て・事業成功（営業繁栄）の、後者は道しるべ・道ひらき・交通安全・殖産興業の神とされています。

現在の社殿は昭和十二年に修築されたもので、本殿補修・拝殿改築にかかった膨大な費用は信仰の厚い氏子衆達の支えによって賄われました。地域の氏神様・産土様として今なお愛され続けています。

境内の中央に高くそびえる夫婦のタブノキ

お参りのあとに♪

園内には遊具が置かれた広場や野球もできる多目的広場、池や湿地などの自然が広がります。江戸時代の名主宅が移築復元された旧鴇田家住宅は無料で建物内の見学が可能。休館日を調べてから訪れるのがおすすめです。

実籾本郷公園

千葉県習志野市実籾２丁目

Information

大原神社

千葉県習志野市実籾 1-30-1
TEL 047-472-8424
［参拝時間］ 24 時間
［御朱印料］ 300 円～
（御朱印・御守の授与 10:00 ～ 15:00）
※変更の可能性あり
［アクセス］ 京成電鉄成田線実籾駅より徒歩６分
https://ohara-jinja.com

御朱印

３カ月ごとに図柄が変わる「鳥居シリーズ」（写真は春） は、見開きの書置き御朱印。その他、毎月モチーフの異なる御朱印（片面・直書き） や特別御朱印なども頒布

\ Pick up /

境内に植えられた紅梅が雪の重みで幹が何度も裂けても、毎年美しい花を咲かせるように、「どんな逆境でも乗り切れる様に」との思いを込めた「大丈夫守」（700 円）

Check!

Lovely!

結婚祝いや結婚記念日・年祝いなどの贈り物にも喜ばれている「幸結び守り」（1,000 円）。小さめのサイズで携帯しやすいのもポイント

四百本の桜がお出迎え

櫻《さくら》木《ぎ》神社

＊千葉／野田

桜の木の下で挙式
そんな夢が叶います

大化の改新で知られる藤原鎌足《かまたり》の子孫・藤原嗣良《つぐよし》が平安時代初期の仁寿元年（八五一）に開いた神社です。敷地内には約四百本の桜をはじめ豊かな森があり、のんびりと寛《くつろ》いでいる方もちらほら。休憩のための椅子も用意されていて、地元の人たちからも愛されている事が伺えます。桜はソメイヨシノ以外の種類も多く、春と秋、年に二度開花する十月桜もあります。

　こちらの神社の御祭神は伊弉諾尊《いざなぎのみこと》・伊弉冉尊《いざなみのみこと》の夫婦神や、稲の神様である倉稲魂神《うかのみたまのかみ》など。良縁や夫婦円満、安産のご利益があります。そのため、こちらで結婚式を挙げるカップルも多いそうです。ただし、式を挙げられるのは一日に一組のみ。「一生に一度の結婚式。その日はお二人をお祝いするためにあるのです」と櫻木神社の方は言います。

　自然豊かな境内で静かに過ごすことで、日頃疲れた体にエネルギーを充電することができる神社です。

桜の絵馬や御守も。神社の周囲は、背の高い林が茂る

お参りのあとに♪

地元で採れた野菜をふんだんに使ったイタリアンが楽しめます。石窯で焼き上げるピザや、野田市の特産品、枝豆や醤油を使った料理がオススメ。

コメ・スタ
野田市本店

千葉県野田市
堤根 238
TEL 04-7123-0077
[営業時間]
11：00 ～ 22：00
(LO21：00)
無休

御朱印

桜の印が可愛い御朱印。二種類受けていかれる方も

\ Pick up /

満開の夜桜が艶やかな御朱印帳。同じデザインの御朱印袋には御守を入れるポケットも。御朱印巡りのお供に。御朱印帳 1,500 円、御朱印帳袋 2,000 円

Must item

Lovely!

高級ホテルを思わせるトイレ内には、厠（かわや）の神様をお祀りしている川屋神社が。一生お世話になるトイレを、いつでも綺麗にしておくことが福運につながるという

Information

櫻木神社

千葉県野田市桜台 210
TEL 04-7121-0001
[参拝時間] 6：00 ～ 18：00
[御朱印料] 300 円
(御朱印・御守の授与 8：00 ～ 18：00)
[アクセス] 東武野田線
野田市駅より徒歩 10 分
http://sakuragi.info

コラム・四季の観光スポット

千葉編

佐倉チューリップフェスタ　＼春／

色とりどりのチューリップが辺り一面に広がります。見頃は４月中旬。チューリップの掘り取り販売も実施しています。湖畔に建つオランダ風車「リーフデ」も必見です。

毎年4月上旬～下旬　9:00～16:00

佐倉市観光協会 TEL 043-486-6000

九十九里浜　＼夏／

片貝海岸、不動堂海岸などのビーチがおよそ60km に及ぶ九十九里浜は、夏になると大勢の海水浴客やマリンスポーツを楽しむ人々で賑わいます。他にも、釣りや地引網体験など楽しみ方も豊富。名物のハマグリもぜひ召し上がれ。

九十九里町 産業振興課 商工観光係

TEL 0475-70-3177

＼秋／　棚田のあかり

日本の棚田百選にも選ばれた大山千枚田を舞台に LED ライト 10,000 本によるライトアップイベントです。15 分毎にピンク・青・緑・紫と４色に変化する幻想的な棚田の雰囲気をお楽しみ下さい。

毎年 10 月中旬～１月上旬実施予定

会場：大山千枚田

鴨川市観光協会　TEL 04-7092-0086

＼冬／

地球の丸く見える丘 展望館

愛宕山の頂上に建つこちらからは、地球が丸いことを実感できるほど彼方まで広がる水平線が見渡せます。天気のいい日は、はるか遠くの富士山や筑波山まで見えることも。空気の澄んだ冬に水平線に沈む太陽を眺めてはいかがでしょう。

千葉県銚子市天王台 1421-1　TEL 0479-25-0930

コラム・鳥居の種類

鳥居は神社の神域への入口を示す門です。数多くのバリエーションがありますが、代表的ないくつかを見てみましょう。

神明鳥居

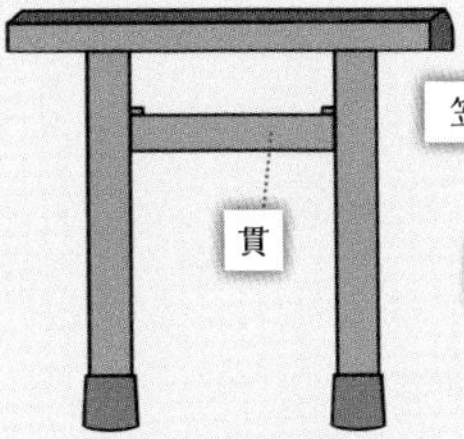

柱は垂直に立ち、貫(ぬき)が外側に突き出ない。

明神鳥居

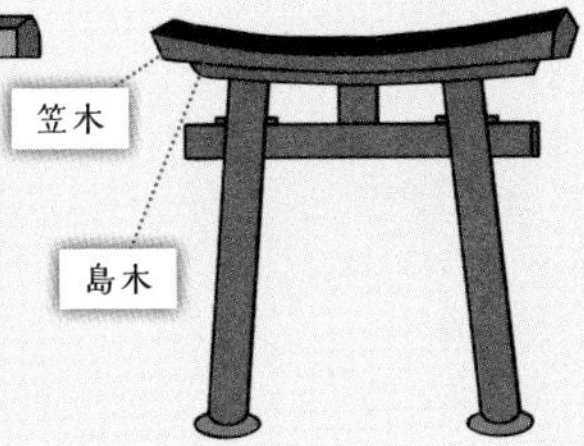

柱が八字形に広がり、笠木(かさぎ)と島木は反っている。

山王鳥居

明神鳥居の上に破風(はふ)形の合掌造りが加えられている。

稲荷鳥居

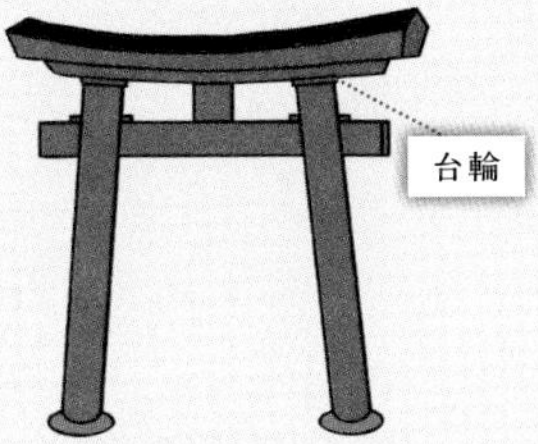

明神鳥居と同じ形だが、柱の上に台輪がある。

春日鳥居

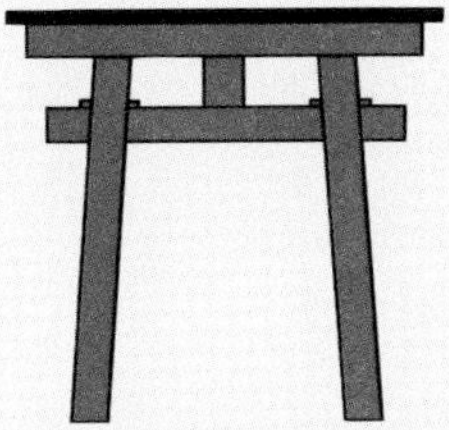

笠木・島木は直線で、先端は垂直。

八幡鳥居

春日鳥居と似ているが、笠木・島木の先端が斜め。

三輪鳥居

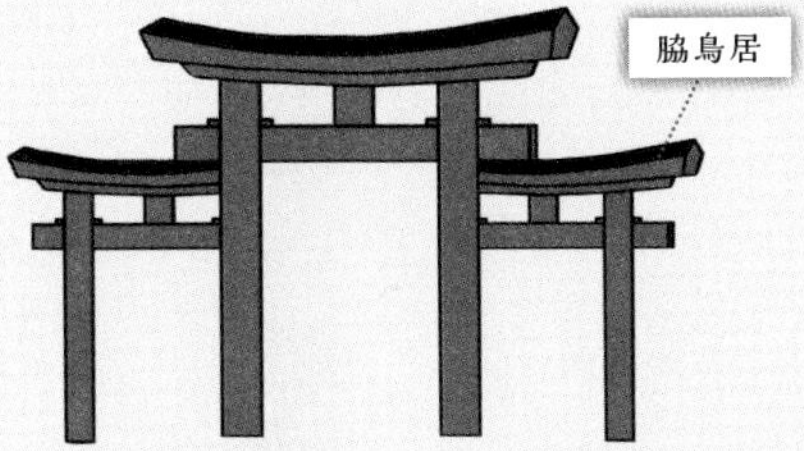

上部は明神鳥居と同型。柱は垂直。左右に脇鳥居を加える。

両部鳥居

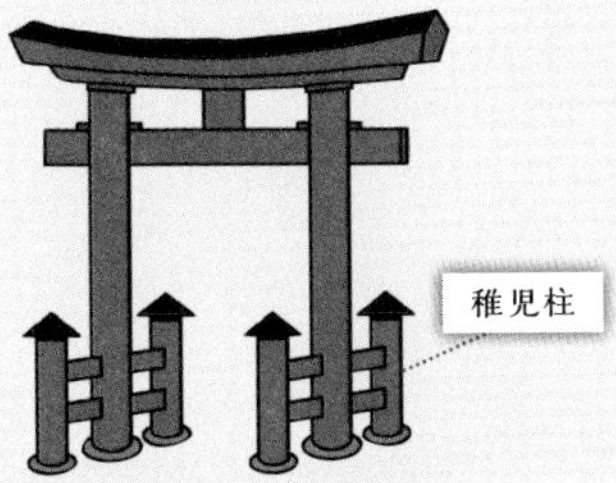

稲荷鳥居と同型で、四脚の稚児(ちご)柱が付いている。

他にもたくさん！御守ガイド

恋に効く!?御守&絵馬

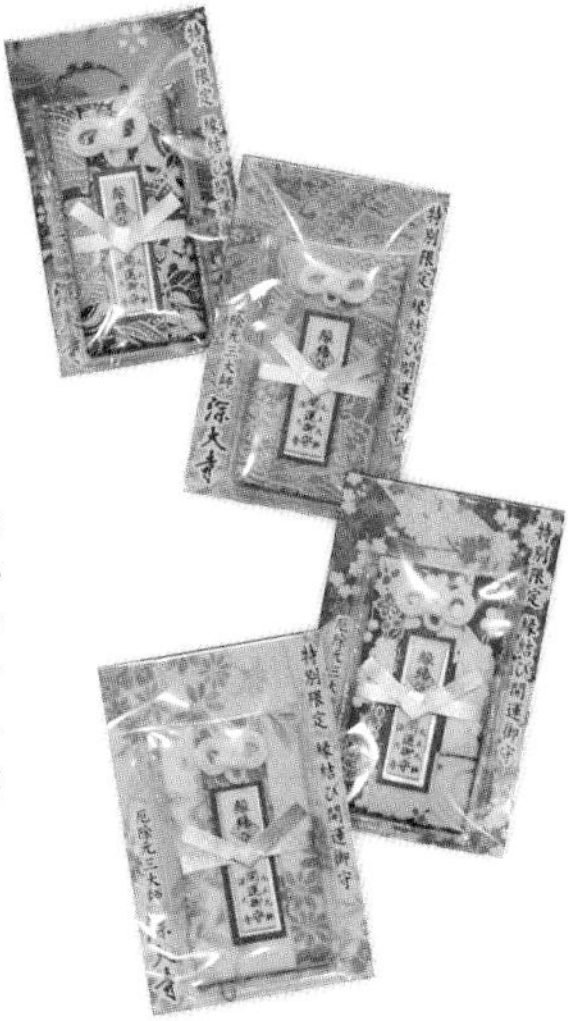

特別限定 縁結び開運御守

500円

深大寺（P54）

深大寺の水で育てた稲穂が収められていることから、「良きご縁を実らせる」そう。カラーバリエーション豊富なのが嬉しいですね。

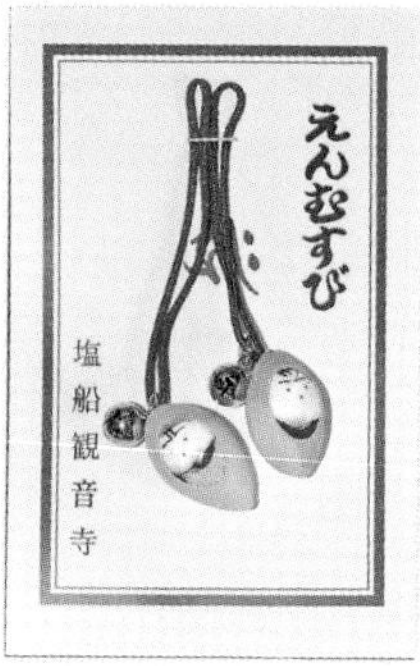

えんむすび守り

800円

塩船観音寺（P72）

かわいらしいペアの御守。カップルで身につけたいですね。

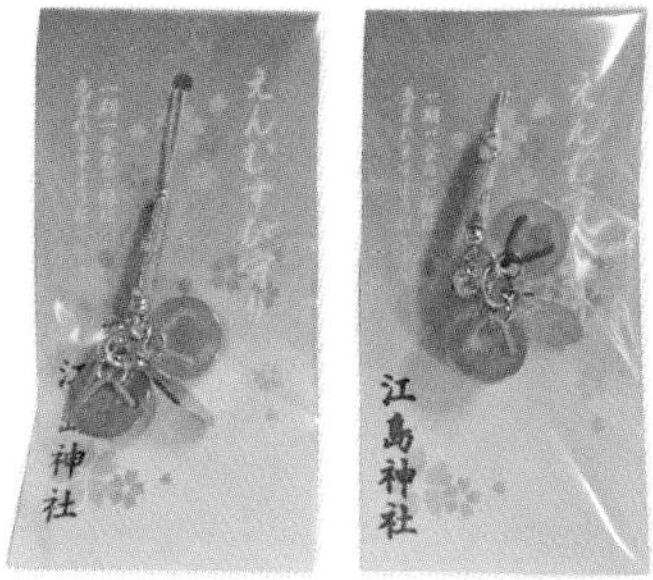

えんむすび守り　800円

江島神社（P94）

かわいらしいデザインの草履は二つで一つ。一期一会のご縁に恵まれますように！

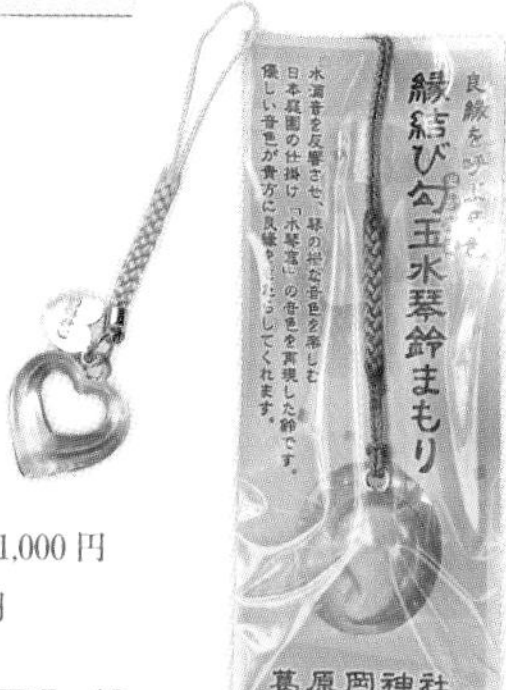

縁結び勾玉 水琴鈴まもり　1,000円

縁結び守　700円

葛原岡神社（P104）

「水琴窟」の音色を再現。優しい音色が良縁をもたらす勾玉水琴まもりとハート形の縁結び守り。

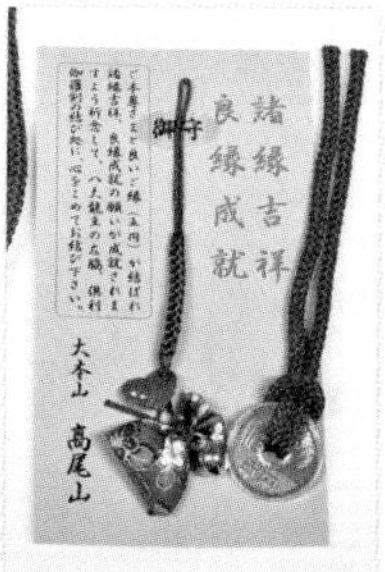

諸縁吉祥・良縁成就御守

500円

高尾山薬王院（P68）

五円玉のついた紐は境内の愛染明王のお堂に結び、御守は身に付けると恋が叶うと言われています。

恋に効く!? 御守&絵馬

縁結御守　800円　今戸神社（P12）

良縁を呼び寄せたり、結びつきを深める御守です。角が立たぬよう、丸く円満に物事がおさまるようにという願いを込めて、丸い形となっています。

であいこい守
500円
川越氷川神社（P110）

これからの新たな出会いを求めている方のための御守です。黒地のものは通年、さらに季節ごとに特別色の「であいこい守」も登場します。

えんむすび守り　600円
子安神社（P66）

ピンクの巾着に赤いリボンがかわいい御守。ハートが描かれています。

えんむすび絵馬
600円
子安神社（P66）

ピンクとグリーンのハートの絵馬。願いごとは保護シートで隠せるので、男性にも人気だそうです。恥ずかしがらず思いの丈を綴ってみては。

愛染明王絵馬
700円
豊川稲荷東京別院（P20）

境内の縁結びの仏様、愛染明王像に奉納する絵馬は、恋に効きそうなハート型がかわいらしいデザイン。

縁結びの絵馬　500円
越谷香取神社（P120）

紅白の結び紐が縁起の良い絵馬です。丸型の絵馬は珍しいので、テレビや雑誌にも取り上げられたこともあるそうです。

ご利益いろいろ*かわいい御守

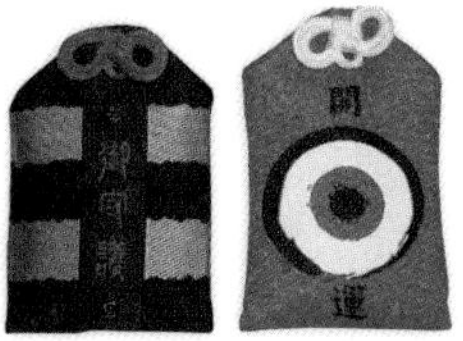

ゲゲゲのちゃんちゃんこのお守り　1,000円
目玉のおやじのお守り　1,000円
赤城神社（P36）

かつて「ゲゲゲの鬼太郎」の作者・水木しげるさんが赤城神社に参拝したことから作られた御守。大胆な色使いがお洒落。

カード型おまもり
700円
亀戸天神社（P46）

開運・出世・幸運の御守は、カードタイプで財布やパスケースにもぴったり。薄くて便利ですね。

スイカ守　500円
長谷寺（P98）

スイスイ開運で老若男女問わず愛されるかわいい開運の御守。小さいお子さんにも人気。

幸福守・金運守
各300円
銭洗弁財天宇賀福神社（P106）

御守やお札は火打ち石でお清めをしてから授与されます。金運アップのご利益があるので、身に付けたいですね。

八《や》咫《た》烏《がらす》鈴　700円
川越熊野神社（P112）

かわいらしい八咫烏の形をした鈴です。根付けタイプになっているので、携帯やバッグなどに取り付けやすくなっています。控えめで、すがすがしい音色が響きます。

「ん」のお守り
500円
神田神社（神田明神）（P40）

「ん」の文字のみのインパクトは絶大ですね。小さな運から大きな運まで、強運に恵まれる御守です。

開運招福ミニ守り
500円
谷保天満宮（P60）

プチサイズがかわいいミニ守り。御朱印帳と同じ梅がモチーフで、色々な色があります。

登山安全守り
500円
武蔵御嶽神社（P74）

御岳山山頂に建つ武蔵御嶽神社の登山の御守。道に迷わず安全な登山が叶うようにと、難を逃れる神様である狼が描かれています。

貝守り　300円　湯島天満宮（湯島天神）（P34）

本物の貝で作られた貝守りは、開運を願う御守です。梅の花もついているのがポイントです。

他にも！ユニーク小物

招き猫　3,000円　今戸神社（P12）

雄猫と雌猫が一体になった招き猫。良縁はもちろんのこと、お金のご縁、仕事のご縁など自分に必要な縁を招く縁起物です。

鷽《うそ》鈴

600円

亀戸天神社（P46）

鷽の形をした土鈴。凶事を「嘘」にして吉事に取り（鳥）替える、又は知らず知らずのうちについた「嘘」を「誠」に取り替えて一年の吉運を招くと言われています。

元気の矢

500円

鳩森八幡神社（P24）

鳩が神主さんの姿をしたかわいい絵馬がついた破魔矢です。ミニサイズなので、オフィスの筆立てなどに入れる人も多いそう。

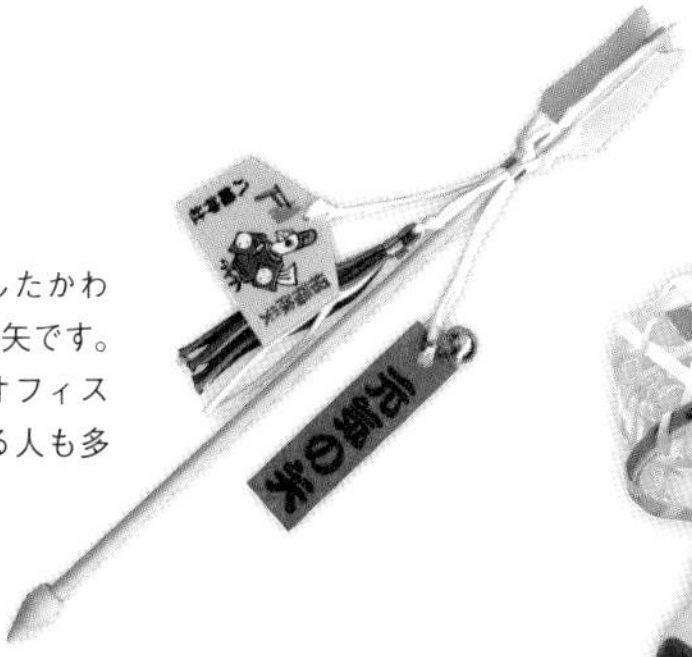

福犬ボトル

水天宮（P28）

福犬の瓶に入ったかわいいお神酒。宮城県の酒蔵「一ノ蔵」の地酒です。水天宮は東北復興支援に力を入れています。このお神酒はご祈祷された方に渡されます。

おみくじ　100円

亀戸天神社（P46）

菅原道真の形に折られたおみくじ。何だか可愛らしいですね。

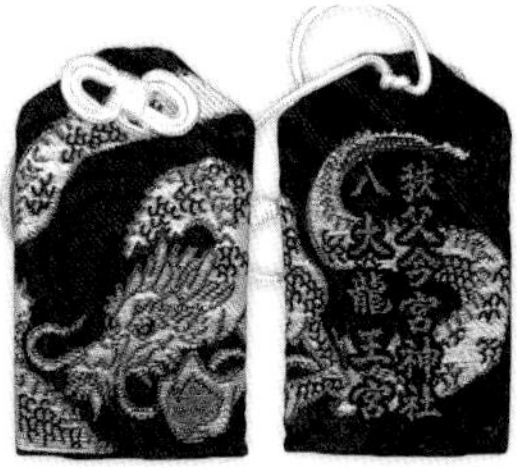

八大龍王守　800円

秩父今宮神社（P124）

水の神であり、仏法の守護神でもある八大龍王神のお力を授かる御守です。自然の驚異から身を守ってくれるご利益もあるそう。大迫力の龍神様は頼もしささえ感じさせます。

幸せ運ぶ

神猿《まさる》みくじ

300円

日枝神社（P18）

日枝神社の神様のお使いである猿のおみくじ。「何事にも優る」「魔が去る」と言われています。

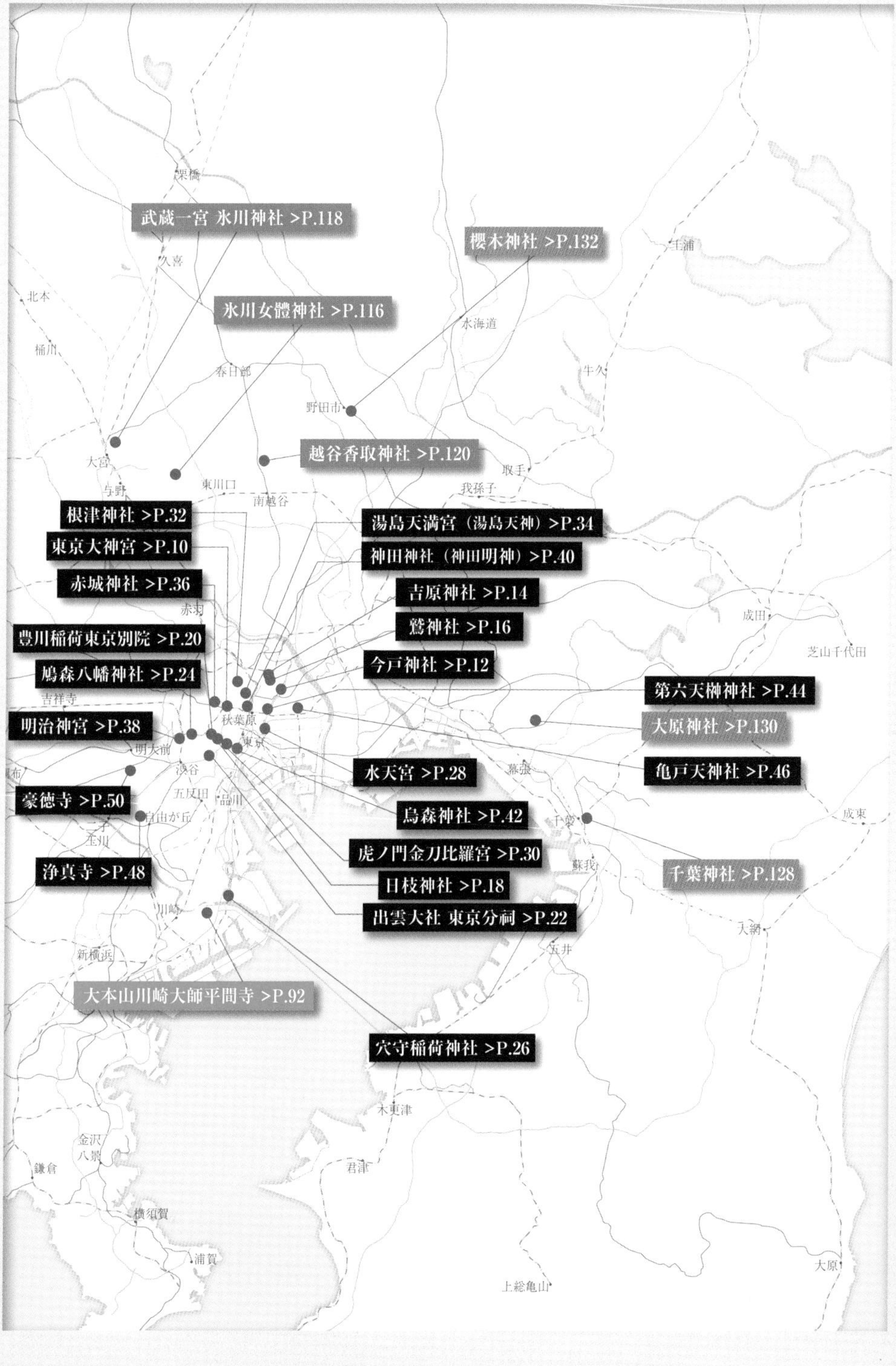
栗橋
武蔵一宮 氷川神社 >P.118
櫻木神社 >P.132
土浦
久喜
北本
氷川女體神社 >P.116
水海道
桶川
春日部
牛久
野田市
越谷香取神社 >P.120
大宮
取手
東川口
与野
我孫子
南越谷
根津神社 >P.32
湯島天満宮（湯島天神）>P.34
東京大神宮 >P.10
神田神社（神田明神）>P.40
赤城神社 >P.36
吉原神社 >P.14
赤羽
成田
鷲神社 >P.16
豊川稲荷東京別院 >P.20
芝山千代田
今戸神社 >P.12
鳩森八幡神社 >P.24
第六天榊神社 >P.44
吉祥寺
秋葉原
大原神社 >P.130
明治神宮 >P.38
東京
明大前
亀戸天神社 >P.46
渋谷
水天宮 >P.28
幕張
五反田
品川
豪徳寺 >P.50
鳥森神社 >P.42
成東
自由が丘
千葉
二子玉川
虎ノ門金刀比羅宮 >P.30
蘇我
浄真寺 >P.48
千葉神社 >P.128
日枝神社 >P.18
川崎
出雲大社 東京分祠 >P.22
大網
五井
新横浜
大本山川崎大師平間寺 >P.92
穴守稲荷神社 >P.26
木更津
金沢八景
鎌倉
君津
横須賀
浦賀
大原
上総亀山

御朱印めぐりマップ

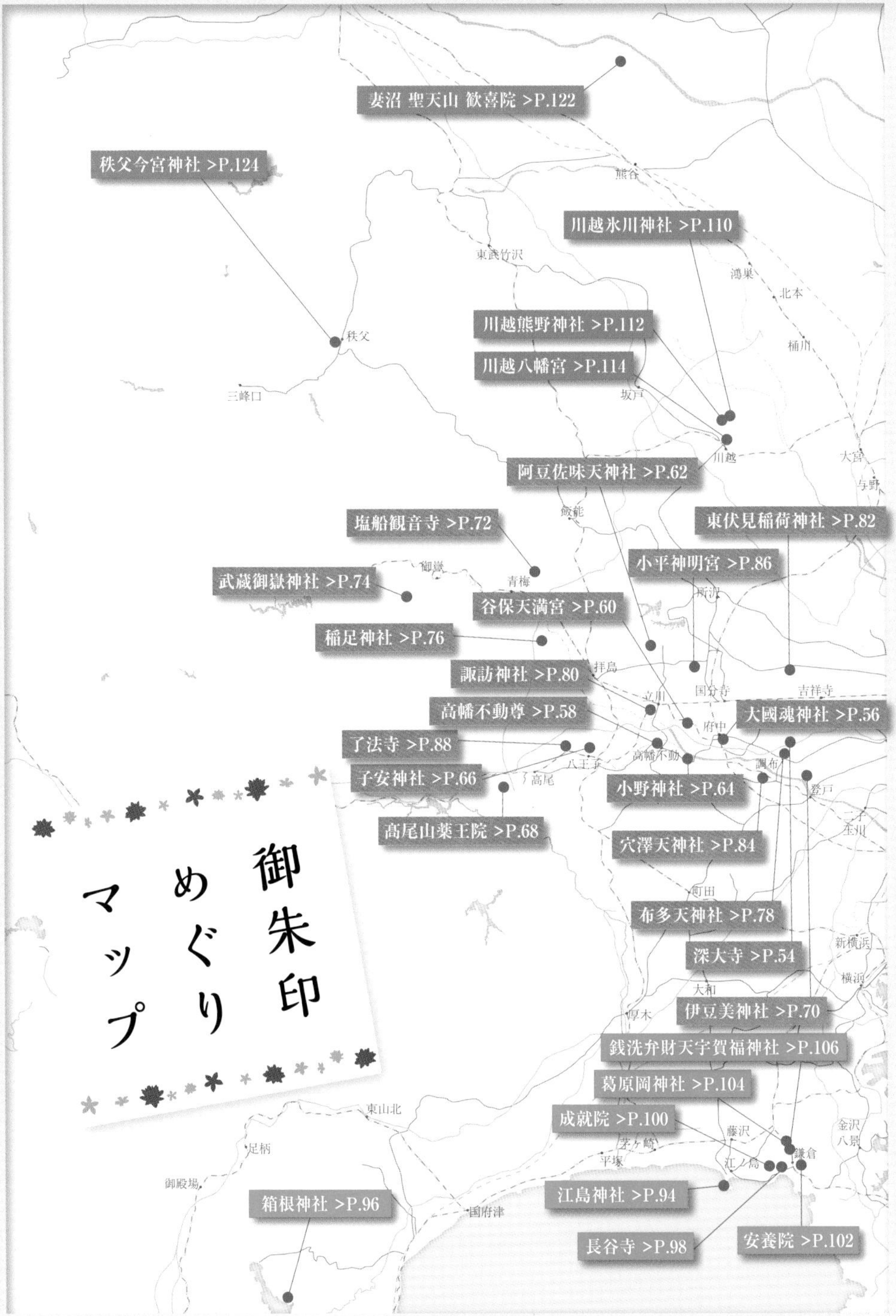

妻沼 聖天山 歓喜院 >P.122
秩父今宮神社 >P.124
熊谷
川越氷川神社 >P.110
東武竹沢
鴻巣
北本
川越熊野神社 >P.112
秩父
桶川
川越八幡宮 >P.114
三峰口
坂戸
川越
大宮
阿豆佐味天神社 >P.62
与野
飯能
塩船観音寺 >P.72
東伏見稲荷神社 >P.82
小平神明宮 >P.86
御嶽
武蔵御嶽神社 >P.74
青梅
所沢
谷保天満宮 >P.60
稲足神社 >P.76
拝島
諏訪神社 >P.80
立川
国分寺
吉祥寺
高幡不動尊 >P.58
大國魂神社 >P.56
府中
了法寺 >P.88
高幡不動
八王子
調布
子安神社 >P.66
高尾
登戸
小野神社 >P.64
二子玉川
高尾山薬王院 >P.68
穴澤天神社 >P.84
町田
布多天神社 >P.78
新横浜
深大寺 >P.54
横浜
大和
厚木
伊豆美神社 >P.70
銭洗弁財天宇賀福神社 >P.106
葛原岡神社 >P.104
東山北
成就院 >P.100
金沢八景
藤沢
足柄
茅ヶ崎
鎌倉
平塚
江ノ島
御殿場
江島神社 >P.94
箱根神社 >P.96
国府津
長谷寺 >P.98
安養院 >P.102

た

な

は

ま

や

ら

索引

あ

か

さ

「江戸楽」編集部

取材・撮影・本文
堀内貴栄　尾花知美　宮本翼

デザイン・DTP
KAJIRUSHI

東京周辺 ご朱印めぐり旅
乙女の寺社案内　増補改訂版

2021年 3月 5日　　第1版・第1刷発行

著　者　　「江戸楽」編集部（えどがくへんしゅうぶ）
発行者　　株式会社メイツユニバーサルコンテンツ
代表者　三渡　治
〒102-0093　東京都千代田区平河町一丁目1-8
TEL：03-5276-3050（編集・営業）
03-5276-3052（注文専用）
FAX：03-5276-3105
印　刷　　株式会社厚徳社

◎『メイツ出版』は当社の商標です。

● 定価はカバーに表示してあります。
ISBN978-4-7804-2433-1 C2026 Printed in Japan.

ご意見・ご感想はホームページから承っております
ウェブサイト　https://www.mates-publishing.co.jp/

編集長：折居かおる　　副編集長：堀明研斗　　企画担当：折居かおる

※本書は2014年発行の『東京周辺 ご朱印めぐり旅　乙女の寺社案内』の増補改訂版です。